게으른 그들은
어떻게 1조 원을
벌었을까

WORKMAN SHIKI "SHINAI KEIEI"
by Tetsuo Tsuchiya
Copyright © 2020 Tsuchiya Tetsuo
Korean translation copyright ©2025 by Lifehacking.co.
All rights reserved.
Original Japanese language edition published by Diamond, Inc.
Korean translation rights arranged with Diamond, Inc.
through BC Agency

이 책의 한국어판 저작권은 BC에이전시를 통해
저작권자와 독점계약을 맺은 라이프해킹에 있습니다. 저작권법에 의해
한국 내에서 보호를 받는 저작물이므로 무단전재와 복제를 금합니다.

게으른 그들은 어떻게 1조 원을 벌었을까

초치야 테츠오 지음 | 김환우 옮김

**목표, 야근, 경쟁을 없애고
매년 2300억씩 버는 비밀**

필로틱

서문

**세상을 바꾸려면
제발 아무것도 하지 말아라**

혹시 당신도 성공하려면 '더 많이, 더 빨리' 해야 한다고 믿고 있는가? 축하한다. 당신은 30년 전의 나와 같은 착각 속에 살고 있다.

뒤돌아보면 후회는 없었다. 아니, 후회할 겨를조차 없었다. 30년 넘게 미쓰이물산에서 홀로 길을 개척하고, 때로는 컨설턴트라는 이름으로 수많은 기업의 길을 제시하며 숨 가쁘게 달려왔다. '무엇이든 한다', '더 빨리', '더 많이'. 그것이 내 생존 방식이자 성공 공식이었다. 야근과 주말 출근을 훈장처럼 달고 살았으며, 세상은 나를 유능하다 했다. 나 역시 스스로 똑똑하다고 확신했다.

2012년, 숙부인 츠치야 요시오 회장이 이끄는 워크맨에 합류했을 때도 자신감에 차 있었다. 겉보기에 평온한 이 회사는 성장 엔진이 꺼져가고 있었다.

'좋아, 내 실력을 보여줄 때가 왔군.'

그러나 출근 첫날 내 30년 경력과 자부심은 산산조각 났다. 오랜만에 만난 숙부는 내 화려한 이력서나 사업 계획서는 쳐다보지도 않고, 알 수 없는 미소와 함께 내 인생을 통째로 부정하는 듯한 한마디를 던졌다.

"여기서는 아무것도 하지 않아도 되네."

순간, 내 귀를 의심했다. 산전수전 다 겪은 환갑의 비즈니스맨에게 '아무것도 하지 말라'니. 농담인가? 아니면 나를 시험하는 건가? 30년 넘게 쌓아온 내 경력과 자부심이 와르르 무너져 내리는 기분이었다. 자존심이 무너지는 기분 속에서도 불길한 호기심이 고개를 들었다. 어쩌면 이 해괴한 말 속에 내가 모르는 무언가가 있을지도 모른다.

그날부터 나는 워크맨이라는 이상한 나라의 구경꾼이 되었다. 책상에 앉아 지시하는 대신, 어슬렁거리며 회사를 관찰하기 시작했다. 내가 알던 세상의 모든 규칙이 이곳에서는 통하지 않았다. 6시면 직원들은 칼같이 퇴근했고, 사무실은 쥐 죽은 듯 조용해졌다. 목표 달성을 외치는 구호도, 실적 압박에 찌푸린 얼굴도 없었다. 마치 시간이 멈춘, 혹은 다른 차원의 세계에 떨어진 기분이었다.

처음에는 불안했다.

'이렇게 해서 회사가 돌아간다고? 당장 뭔가 지시하고, 시스템

을 바꾸고, 효율성을 끌어올려야 하는 거 아닌가?'

내 안의 '해야만 한다'는 강박이 끊임없이 나를 괴롭혔다. 신규 매장 담당자가 "야근할 것 같아서요"라는 말도 안 되는 이유로 아무렇지 않게 개점을 일주일 연기했을 때는, 정말이지 뚜껑이 열릴 뻔했다.

'이건 회사가 아니라 무슨 동호회인가?'

그런데 정말 이상한 일이 벌어졌다. 이 '아무것도 안 하는' 회사는 망하기는커녕 폭발적으로 성장했다.

2018년 9월, 도쿄 외곽 쇼핑몰에서 새벽 5시부터 사람들이 길게 줄을 서 있었다. 그들이 기다린 것은 명품 세일도, 한정판 스니커즈도 아니었다. 현장 노동자가 입는 '작업복', 더구나 정가 그대로 파는 평범한 옷이었다. 이 기현상을 두고 일본 언론들은 '작업복계의 유니클로'가 등장했다며 앞다투어 보도하기 시작했다.

나는 극심한 혼란에 빠졌다. 그렇다면 내가 60 평생 진리라 믿었던 것들은 대체 무엇이었단 말인가? 끊임없이 자신을 몰아붙였던 시간들은 어쩌면 정답이 아니었을지도 모른다는 생각이 처음으로 들었다. 진짜 중요한 것은 '무엇을 하느냐'가 아니라, '무엇을 하지 않느냐'에 있는 것은 아닐까?

이 책은 그 충격과 깨달음의 기록이다. 30년간 '하는 것'에만 미쳐 있던 한 사람이 '하지 않는' 지혜를 만나 새로운 성공 공식을 찾아가는 이야기다. 그리고 그 과정에서 발견한, 당신을 옭아매는 불필요한 것들을 쓰레기통에 던져버리고 진짜 가치에만 집중하여 미친 효율과 성과를 내는 구체적인 방법론이다.

<u>워크맨은 '하지 않음'으로 기적을 만들어내고 있다.</u>

- ★ 직원에게 스트레스를 주는 일은 **하지 않았다.** (야근, 마감, 성과 목표 등 폐지)
- ★ 워크맨답지 않은 일은 철저히 **하지 않았다.** (경쟁, 할인, 잦은 디자인 변경, 고객 관리, 거래처 변경, 가맹점 실적 압박 등 금지)
- ★ 가치 없는 일은 과감히 **하지 않았다.** (사내 행사, 불필요한 회의, 임원 매일 출근, 경영자의 즉흥 제안 등 금지)

우리는 생산성과 효율에 중독된 시대를 산다. 마치 멈추면 쓰러지는 팽이처럼, 스스로를 쉬지 않고 돌려야만 하는 세상이다. 잠시 멈추는 것조차 뒤처지는 것처럼 느껴지는 세상에서 '하지 않음'은 곧 실패나 나태함과 같은 의미로 여겨진다.

그런데 내가 워크맨에서 목격한 현실은 정반대였다. 이들의 '하지 않음'은 차원이 달랐다. 야근을 하지 않기 위해 매장 개점을 미루다니 믿어지는가? 이런 방식을 두고 누군가는 '게으르다'고 비웃을지도 모른다. 맞다. 우리는 게으르다. 단, '해도 그만, 안 해도 그만인 일'에만 철저히 게을렀다. 그 덕분에 가장 중요한 일에 온

힘을 쏟을 수 있었다.

그 결과는 충격적이다. 목표를 없애니 매출이 3배 늘었다. 야근을 없애니 영업이익률이 19퍼센트를 넘었다. 경쟁을 포기하니 매장 수가 유니클로를 넘어섰다. 시가총액은 한때 일본 맥도날드를 뛰어넘어 자스닥 시가총액 1위를 기록했고(2019년 12월, 3개월간) 주가는 8년 만에 40배 치솟았다. 이게 바로 '하지 않음'의 압도적인 힘이다.

이 책은 회사를 뒤엎거나 혁명을 일으키라고 말하지 않는다. 대신, '하지 않을 일' 한 줄을 적어보라고 제안한다. 그 한 줄이 당신의 복잡한 인생을 단순하고 강력하게 바꿀 수 있다.

-1 (하지 않음) = ∞ (무한한 가능성)

당신도 지금 너무 많은 것을 하려 애쓰다 길을 잃고 헤매고 있는지 모른다. 혹은 끊임없는 경쟁과 성과 압박에 지쳐 번아웃 직전일 수도 있다. 그렇다면 잠시 멈춰 서서, 나와 함께 이 이상하지만 미치도록 강력한 '하지 않음'의 세계로 들어가보자. 당신이 당장 내려놓아야 할 불필요함은 무엇인가? 그것을 내려놓는 순간, 삶에서 어떤 변화가 시작될까?

워크맨의 원칙은 직급, 업종, 회사 규모를 전혀 가리지 않는다. 프

당신이 당연하게 믿는 '가짜 현실' vs. 워크맨이 증명한 '진짜 현실'

당신의 (잘못된) 믿음	워크맨의 (진짜) 결과
💣 목표를 없애면 팀이 헤맨다?	매출이 3배 성장했다! (매출 1조 6,985억 원)
💣 야근을 줄이면 성과도 줄어든다?	영업이익률 19%를 돌파했다!
💣 경쟁을 포기하면 도태된다?	유니클로를 추월했다! (매장 수 981개)

(2023년 3월 결산 기준)

리랜서든, 작은 팀의 리더든, 1인 사업가든, 이 기묘한 원칙은 당신의 현실을 바꿀 실마리를 줄 것이다.

　워크맨과 함께하며 내 60년 인생의 상식은 송두리째 뒤바뀌었다. 실패로 가는 지름길이라 여겼던 그들의 '하지 않음'이 실은 폭발적 성장의 비밀이었고, 내가 평생 신봉해온 '해야만 한다'는 강박은 스스로를 소진하는 낡은 공식에 불과했다.

　성공과 실패, 효율과 나태함에 대한 내 모든 믿음이 뿌리부터 흔들리는 혼란 속에서, 나는 마침내 깨달았다. 진짜 문제는 '무엇을 더 할 것인가'가 아니라 '무엇을 하지 않을 것인가'에 있었음을.

　이제 워크맨이 어떻게 상식을 파괴하고 기적을 만들었는지, 그 비밀스럽고 강력한 원칙들을 하나씩 함께 파헤쳐볼 시간이다. 이 책을 덮을 때, 당신은 '하지 않기' 버튼을 누를 용기를 얻을 것이다. 그리고 하루가, 일이, 삶이 더 가볍고, 자유롭고, 강력해질 준비를 마칠 것이다.

주식회사 워크맨 전무이사
츠치야 테츠오

차례

■ 서문 | 세상을 바꾸려면 제발 아무것도 하지 말아라 **005**

PART 1. 깨달음
상식을 뒤엎는 '하지 않는 회사'

1장. '하지 않기' 버튼을 누른 순간 모든 게 움직였다 **019**

2장. 광고 0원, 할인 0% 이게 왜 더 잘 먹힐까? **025**
할인은 고객에 대한 배신이다 | 더 벌 수 있어도, 더 벌지 않는다

3장. 싸우지 않고 이기는 기술: 전쟁터를 선택하라 **033**
나만의 바다를 만드는 법 | 무엇을 지키고 무엇을 버릴 것인가?

ACTION 1. 선택과 집중의 기술 **040**

PART 2. 발견
'하지 않음'으로 찾는 새로운 기회

4장. 누구도 보지 못한 기회를 찾다 **045**
우리의 진짜 무기는 무엇인가? | 가장 날카로운 무기를 더욱 강하게 | 블루오션도 썩는다 | 어떻게 빈틈을 찾아냈는가?

5장. 빈틈에 깃발을 꽂다: 워크맨 플러스 실행과 결과 **070**
목표는 낮게, 시작은 작게 | 포장지만 바꿔도 판이 뒤집힌다 | 진짜 승부는 제품력에서 갈린다

6장. '비정상 값'에 돈이 숨어 있다 ━━━━━━━━━━━━━━━━ 080
고객의 '이상한 행동'이 기회다 | 매출 3배 성장의 비밀 | '이상함'에서 '당연함'으로
7장. 진짜 협력자를 만들다: 돈보다 마음을 얻는 법 ━━━━━━ 092
고객을 안다고 착각하는 당신에게 | 돈 안 받고 일하는 최강 마케터들 | 주인공은 '잘난 회사'가 아니라 '30명의 보통 사람'이다 | 제품, 공간, 그리고 사람 | 쉬어 가기. 거대한 아마존에 지지 않는다

ACTION 2. 성공이라는 함정에서 벗어나기　　　　　　　　110

PART 3. 변화
당신의 성장을 가로막던 16가지

8장. 목표와 기한이라는 족쇄를 풀다 ━━━━━━━━━━━━━━ 115
시계를 버려야 제대로 한다 | 목표를 버려야 더 빨리 달린다 | '억지로 열심히'는 가짜다 | 나머지 목표는 쓰레기통에 던져라
9장. 문제는 '말 많은 리더'와 '가짜 일'이다 ━━━━━━━━━━ 126
쓸데없는 사내 행사와 회식을 당장 버려라 | 아인슈타인도 오탈자를 냈다 | 출근하지 않는 리더가 진짜 유능하다 | 의자 대신 발로 경영하라 | 똑똑한 리더가 회사를 망치는 법
10장. 진짜 '워크맨다움'으로 승부하다 ━━━━━━━━━━━━━ 135
옷 장사의 문법을 따르지 않는다 | 디자인을 바꾸지 않는다 | 고객 관리를 하지 않는다 | 재계약률 99퍼센트의 비결 | 채찍이 아닌 신뢰로

ACTION 3. 마감과 목표라는 족쇄 풀기　　　　　　　　　　150

PART 4. 혁신
데이터는 감보다 정확하다

11장. 하지 않기 위해 반드시 알아야 할 데이터 ········· 155
워크맨에는 데이터가 없었다 | 숫자가 조직을 비추는 거울이 되다 | 멈춘 2년이 만든 변화의 청사진

12장. AI보다 엑셀, 복잡함 대신 단순함을 택한 이유 ········· 163
복잡한 도구의 함정: 전문가와 툴의 한계 | 해법 ① 모두의 도구, 엑셀 | 해법 ② 외부 전문가 대신 내부 인재를 키우다 | 현장이 데이터의 주인이다 | 워크맨이 걸어온 문화 혁신 6단계 | 상사라도 틀릴 수 있다 | 숫자에 속지 마라, 현장을 보라

ACTION 4. 데이터는 나침반이다　　　　　　　　　　　**174**

PART 5. 지속
끝까지 해내는 힘

13장. 워크맨식 시스템 구축법: 완벽 대신 진화를 택하다 ········· 179
① 처음부터 완벽을 추구하지 않는다 | 주차장 조사에서 찾은 힌트 | 하나의 매장, 두 개 간판 전략 | ② 소수만 참여하는 건 하지 않는다 | ③ 목표는 있되, 기한은 없다 | ④ 어려운 시험으로 사람 잡지 않는다 | ⑤ 신입에게 성과는 기대하지 않는다 | ⑥ 실패를 두려워하지 않는다

14장. 데이터 구경꾼 말고 선수를 키워라 ········· 196
데이터 잘 쓰는 사람에게 확실한 당근을 준다 | 평범한 사람을 '데이터 전사'로 만든다 | 직원이 만든 데이터가 회사를 바꾼 이유 | 모른다고 인정할 때 진짜 답이 보인다 | 평범한 사람도 끝까지 해내는 환경을 만든다

ACTION 5. 실패를 두려워하지 않는 도전의 가치　　　　　**214**

PART 6. 대담
오래가는 기업의 조건

15장. '양손잡이 경영'은 어떻게 가능한가 ··· 219
'지식 탐색형'과 '지식 심화형'의 행복한 만남 | 비싼 시스템 대신 '엑셀' 하나로 끝냈다 | 워크맨식 상식 파괴 공급망의 비밀 | 90% 재방문율! 200만 팬덤이 만든 워크맨 플러스 신화 | '열심히 하지 마세요!' 워크맨이 말하는 진짜 혁신의 조건 | 레드퀸의 저주: 워크맨이 경쟁사를 벤치마킹하지 않는 이유 | 팬이 제품 개발까지? 워크맨 앰배서더의 진짜 역할 | 약한 연결이야말로 혁신을 만들어낸다 | 워크맨의 세 번째 블루오션 시장 | 혁신에 필수적인 '센스메이킹 이론'이란? | 스타 플레이어가 필요 없는 '평범한 사람들의 평범한 경영' | 힘을 빼야 멀리 간다, 미래형 서번트 리더

ACTION 6. 양손잡이 성장 전략 만들기   258

■ **맺음말** | 아직 끝나지 않은 '하지 않음'의 여정 **260**

PART 1

깨달음

상식을 뒤엎는 '하지 않는 회사'

01

'하지 않기' 버튼을 누른 순간 모든 게 움직였다

솔직히 말해 나는 마음만 먹으면 1,000억 원 매출과 100억 원 이익 정도는 만들어낼 수 있는 사람이다. 허풍처럼 들릴지도 모른다. 하지만 지난 30년간 미쓰이물산[1]이라는 거대한 조직 안팎에서 이를 실제로 증명해왔다. 서른셋에 겁 없이 중국 시장에 뛰어들어 워드프로세서로 1위를 했고 일본으로 돌아와 사내 벤처를 이끌며 독창적인 개념의 레이저 프린터로 쏠쏠한 재미를 봤다. 맨땅에서 시작한 컨설팅 사업부도 100명이 넘는 조직으로 키워내며 일본 유수의 대기업들을 고객으로 만들었다. 비즈니스라는 정

---

[1] 일본의 5대 종합상사 중 하나로 다양한 산업 분야에서 무역, 투자, 개발 등 광범위한 비즈니스 활동을 수행한다. 한국의 대표적인 종합상사로는 삼성물산, 현대코퍼레이션, SK네트웍스 등이 있다.

글에서 나는 누구보다 예리하게 기회를 포착하고, '된다' 싶으면 망설임 없이 달려드는 '정글 파이터'였다. 성과로 말하고 숫자로 증명하는 것, 그것이 나의 방식이었다.

내가 가진 1,000억짜리 성공 방정식은 분명 강력했다. 하지만 거기까지였다. 종합상사라는 거대한 조직의 기준에서 보면 내가 만든 사업들은 여전히 '작은 성공'에 불과했다. 진짜 성공, 즉 세상을 바꾸고 판도를 뒤흔드는 매출 1조 원, 이익 1,000억 원이라는 결정적인 한 방이 내게는 없었다. 끊임없이 새로운 것을 좇는 나의 조급함이 오히려 더 큰 성공을 가로막는 벽이었을지도 모른다는 생각이 들 무렵, 나는 환갑의 나이에 새로운 전장을 찾아 워크맨에 합류했다.

워크맨은 내 숙부인 츠치야 요시오 회장이 창업한 회사였지만 그는 이미 경영 일선에서 물러나 있었다. 회사는 작업복이라는 틈새시장에서 40년간 안정적으로 운영되고 있었다. 그러나 성장의 한계도 명확해 보였다.

'좋아, 이제 내가 가진 노하우로 이 회사를 제대로 키워보자.'

나는 속으로 칼을 갈았다.

그리고 첫 출근 날, 오랜만에 마주한 숙부이자 회장은 격려 대신 내 모든 계획과 자신감을 한순간에 무너뜨리는 이해할 수 없는 한마디를 건넸다.

"여기서는 아무것도 하지 않아도 되네."

망치로 머리를 맞은 듯한 충격이었다. 평생 '무엇이든 해야 한다', '결과로 증명해야 한다'고 여기며 살아온 나에게 '아무것도 하지 말라'는 말은 단순한 조언이 아니었다. 내 30년 경력과 성공 공식에 대한 정면 부정이자 나아가 나라는 인간의 쓸모없음을 선고하는 듯했다. '나를 무능력하다고 여기는 건가?', '이제 와서 나에게 뭘 배우라는 거지?'라는 생각에 당혹감과 모욕감이 뒤섞여 속에서 부글거렸다. 그때는 몰랐다. 이 황당한 한마디에서 내 인생 2막 그리고 워크맨, 어쩌면 당신의 비즈니스가 맞이할 차원이 다른 성장의 비밀이 시작될 줄은.

나는 회장의 말을 곱씹으며 일단 지시를 따르기로 했다. 자존심이 상했지만, 그의 말에는 내가 아직 이해하지 못한 깊은 뜻이 있을 터였다. '작은 성공에 안주하지 말고 더 큰 그림을 보라'는 뜻이었을까?

나는 모니터 앞을 벗어나 한량처럼 전국 매장을 찾아 나섰다. 겉으로는 평범하기 짝이 없는 작업복 회사였다. 하지만 그 안에는 내가 알던 세상의 상식으로는 도저히 이해할 수 없는 기묘하고도 강력한 철학이 살아 숨 쉬고 있었다.

회장의 '하지 말라'는 말은 회사 곳곳에서 구체적으로 드러났다. 야근도, 마감도, 성과 목표도 없다. 할인도, 광고도, 고객 관리도 하지 않는다. 그런데 이상했다. 아무것도 하지 않는 회사가 망하기는커녕 수십년간 안정적으로 운영되고 있었다.

처음엔 의심했다. 이런 방식이 과연 지속 가능할까? 하지만 매장을 하나둘 둘러보고, 현장 직원들과 대화를 나누면서 점차 확신이 들기 시작했다. 이들의 '하지 않음'은 나태함이 아니라 선택과 집중이었다. 스스로에게 묻지 않을 수 없었다. 그동안 붙잡고 있던 성공 방정식은 정말 옳았을까?

나는 결심했다. 이 기묘하고도 강력한 '하지 않음'의 원칙들이 현장에서 어떻게 작동하며 상식 밖의 결과를 만들어내는지 직접 파헤쳐, 그 비밀을 온전히 내 것으로 만들겠다고 말이다. 물론 60년간 옳다고 믿어온 모든 것을 내려놓고 새로운 방식을 체화하는 것은 쉽지 않았다. 하지만 변화하지 않으면 진짜 성장은 불가능하다는 것을 나는 이미 알고 있었다. 어쩌면 내가 그토록 찾아 헤매던, 1,000억 원의 벽을 깨고 1조 원의 가치를 만드는 진짜 돌파구는 '더 많이 하는 것'이 아니라 '제대로 하지 않는 것'에 있었을지도 모른다.

그 결심이 옳았다는 것을 증명하는 데는 오랜 시간이 걸리지 않았다. '하지 않음'의 원칙을 체계적으로 적용했을 뿐인데, 회사는 놀라운 속도로 성장했다. 내가 합류했을 당시 688억 원이었던 워크맨의 영업이익은 10년 뒤 약 3.9배로 불어났고, 매장 수는 유니

워크맨과 워크맨 플러스의 매출·경상이익·점포 수 추이

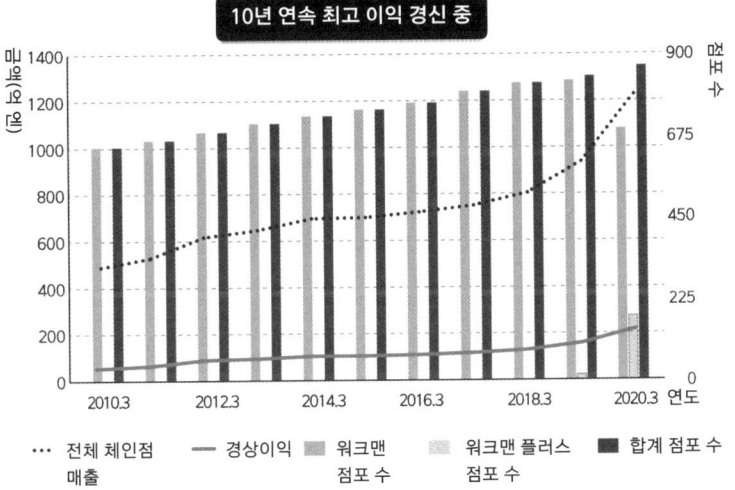

클로를 넘어섰다. 심지어 '워크맨 플러스(Workman Plus)'라는 새 간판을 단 매장들은 문을 열기 전부터 사람들이 줄을 섰다. 목표 없이 매출이 폭발하고, 야근 없이 이익률이 치솟고, 경쟁 없이 시장을 장악하는 믿을 수 없는 현실이 펼쳐졌다.

무엇을 버리고, 무엇을 지켜야 하는가? 워크맨에서의 경험은 나에게 그리고 이 책을 읽는 당신에게 끊임없이 묻는다. 당신의 시간과 에너지를 갉아먹는 '가짜 일'은 무엇인가? 그것을 멈추는 순간, 당신의 진짜 가치는 얼마나 증명될 수 있을까?

이제 그 비밀을 파헤쳐 당신에게 알려주겠다. 광고 하나 없이, 할인 한 번 없이, 워크맨은 어떻게 고객의 마음을 사로잡았을까? 현장에서 내가 목격한 충격과 혁신의 순간으로 들어가보자.

02

광고 0원, 할인 0%
이게 왜 더 잘 먹힐까?

찌는 듯한 폭염이 기승을 부리던 어느 여름날, 워크맨 매장은 그야말로 전쟁터였다. 옷에 달린 작은 팬이 시원한 바람을 불어넣는 '공조복'이 미친 듯이 팔려나갔다. 진열대는 눈 깜짝할 사이에 텅 비었고, 직원들은 땀을 뻘뻘 흘리며 물건을 채워 넣기 바빴다.

매출 그래프는 수직으로 치솟았고, 매장마다 추가 주문 전화가 빗발쳤다. 대부분 980엔, 1,900엔짜리 저가 제품으로 구성된 워크맨에서 1만 5,000엔짜리 공조복은 단가가 높은 효자 상품이었다. 이익률도 다른 제품보다 5퍼센트 이상 높았다. 내 30년 사업 경험이 머릿속에서 신호음을 울렸다.

'이건 엄청난 기회다. 지금 당장 광고를 해야 해. TV든 신문이든 할 수 있는 건 전부 다.'

마케팅 부서에서도 당연하다는 듯 TV 광고 제안서를 올렸고,

직원들의 기대감은 최고조에 달했다. 큰돈을 벌 기회가 눈앞에 아른거렸다. 하지만 회사의 결정은 내 머릿속 회로를 완전히 태워버렸다.

"광고는 진행하지 않겠습니다."

귀를 의심했다. 이유를 알고 나니 더 기가 막혔다. 워크맨은 단기 이익보다 고객이 '가격을 보지 않고도 믿고 살 수 있는 회사'라는 신뢰를 더 값지게 여겼다. 눈앞의 막대한 이익보다 보이지 않는 신뢰가 더 중요하다고? 솔직히 말해보자. 당신이라면 이 황당한 결정을 납득할 수 있겠는가? 내가 평생 살아온 비즈니스 세계에서는 성과를 포장해 알리는 것이 당연했고, 기회는 반드시 잡아야 했다. 아니, 기회를 만들어내서라도 잡아야 했다. 모두가 자기 PR을 못해 안달인 시대에 워크맨은 굴러온 잭팟을 제 발로 걷어찼다. 이게 말이 되는가?

하지만 바로 이 지점에서 워크맨의 '역발상 성공 전략'의 정수를 배울 수 있다. 세상이 온통 자기를 증명하려는 소음으로 가득할 때, 워크맨은 침묵이야말로 가장 강력한 증명임을 보여주었다. 떠들썩한 과시가 아닌 묵묵한 일관성이, 화려한 포장이 아닌 시간이 쌓은 진정성이 더 깊은 신뢰를 낳는다는 사실을 말이다.

누가 알아주지 않아도, 떠들썩하게 알리지 않아도, 자신의 가치를 지키며 묵묵히 행동하는 태도가 진정한 힘이다. 나는 이를 온몸으로 체득하며 '소리치지 않을 용기'라 이름 지었다.

할인은 고객에 대한 배신이다

"혹시 할인 행사 계획은 없으신가요?"

주간 회의에서 내가 던진 질문에 회의실 공기가 순간 싸늘하게 얼어붙었다. 한 임원이 잔뜩 굳은 표정으로 단호하게 대답했다.

"워크맨은 할인 판매를 하지 않습니다. 절대요."

장사하는 사람이 할인을 안 한다고? 내 상식으로는 도저히 이해할 수 없었다. 할인은 정가에 구매한 고객에 대한 배신이라는 답이 돌아왔다. 속으로 '이 사람들이 제정신인가?' 하는 생각이 들었다. 나는 되물을 수밖에 없었다.

"그럼 작년에 팔다 남은 재고는 어떻게 처리하나요?"

"작업복은 유행을 타지 않는 기능성 제품입니다. 올해 안 팔리면 내년에 팔면 됩니다. 우리는 처음부터 고객과 회사 모두에게 합당하고 정직한 가격을 정하고, 그 가격을 끝까지 지킵니다."

그 순간, 얼마 전 아내에게 들었던 타박이 떠올랐다. 어떤 브랜드 매장에서 코트를 한 벌 샀는데, 아내는 며칠 동안 나를 볼 때마다 잔소리를 퍼부었다.

"그거 토요일까지 기다렸으면 1,000엔은 더 싸게 샀을 텐데!"

그 말을 들을 때마다 기분이 상했고, 결국 옷을 산 것 자체를 후회했다. 몇 번 입지도 않은 그 코트에는 더 이상 손이 가지 않았다.

놀랍게도 워크맨은 고객의 이 미묘하고도 강렬한 '배신감'을 정확히 꿰뚫고 있었다. 그래서 애초에 그런 불쾌한 감정을 유발할 원인 자체를 제거했다. 생각해보라. 할인은 특정 시점에 운 좋게 구매한 일부 고객만 혜택을 보는 본질적으로 불공정한 게임이다. 정가로 구매한 고객은 속았다는 느낌을 받는다. 워크맨은 고객의 신뢰를 단기 매출과 맞바꾸는 행위를 고객을 기만하는 것과 다름없다고 여겼다. 그래서 경쟁 업체가 1,980엔짜리 제품을 특별 할인이라며 1,480엔에 팔 때, 워크맨은 처음부터 세금 포함 980엔이라는 정직한 가격표를 붙였다.

나는 노트에 이렇게 적었다.

"워크맨은 할인을 하지 않아도 팔리는 제품을 만든다. 아니, 할인을 하지 않기 때문에 더 잘 팔리는 구조를 만든다."

이 고집스러운 원칙은 놀라운 결과를 낳았다. 고객은 매장에 들어와 가격표를 거의 확인하지 않고 물건을 장바구니에 담았다. 고객의 머릿속에는 이미 강력한 공식이 자리 잡고 있었다. '워크맨=언제 가도 싸고 좋은 곳'. 이 절대적인 믿음이 그들의 구매 행동을 지배했다. 실제로 워크맨의 정가 판매율은 98퍼센트를 넘어선다. 다른 회사들은 어떤가? 단기 매출을 올리기 위해 '오늘만 특가!',

'시즌오프 세일!'을 외치며 고객의 신뢰를 헐값에 팔아넘기고 있지 않은가? 할인 없이 정가 판매만 고수하는, 어찌 보면 답답하고 고지식해 보이는 이 원칙이 역설적으로 '묻지도 따지지도 않고 구매하는' 가장 강력한 동기를 만들었다.

우리는 살아가며 수많은 원칙과 약속 앞에서 쉽게 흔들린다. 상황에 따라 말을 바꾸고, 이해관계에 따라 기준을 달리하며 스스로의 신뢰를 깎아내린다. '어쩔 수 없었다'는 변명과 달콤한 타협 대신, 자신이 정한 기준을 우직하게 지키는 것. 비록 느리고 답답해 보일지라도 이는 여전히 가장 강력하고 유효한 성공의 열쇠임을 나는 워크맨에서 배웠다.

당신의 삶에도 결코 '할인하지 않는 원칙'이 있는가?

더 벌 수 있어도, 더 벌지 않는다

워크맨의 '하지 않음' 원칙은 여기서 끝나지 않는다. 가격 정책에 대한 내 30년 비즈니스 상식은 또 한 번 산산조각 날 운명이었다. 편안한 점심 식사 자리에서 나는 더 이상 참지 못하고 고하마 히데유키[2] 사장에게 정면으로 물었다.

---

2   워크맨의 대표이사. 1990년 입사 후 다양한 현장과 상품기획,

"이익률을 조금만 더 높이면 회사가 더 크게 성장하지 않을까요?"

내 눈에는 워크맨의 제품이 터무니없이 싸게 팔리는 것처럼 보였다. 1,500엔짜리 작업복은 기능 면에서 경쟁사의 3,000엔대 제품과 동급, 아니 그 이상이었다. 최소 비용으로 최대 이익을 추구하는 것. 그게 내가 평생 배워온 성공의 기본 공식이자 사업가의 미덕이었다. 하지만 고하마 사장의 대답은 내 예상을 또다시 빗나갔다.

"이익만 생각하면 당신 말이 맞을 수도 있죠. 하지만 워크맨의 표준 이익률은 35퍼센트입니다. 우리는 그 이상 욕심내지 않습니다."

"아니, 왜죠? 더 벌 수 있는데 왜 안 버는 겁니까?"

"작업복은 소모품입니다. 소모품은 당연히 저렴해야 합니다. 고객은 유행이나 고급스러움보다 실용성과 가격을 먼저 봅니다. 그게 본질입니다."

나는 정말 이해할 수 없다는 표정으로 마지막 질문을 던졌다.

"혹시 성장세가 둔화되면 가격을 올릴 생각은 없으신가요?"

그는 한 치의 망설임도 없이 대답했다.

PB 개발 등 핵심 부서를 거쳐 2019년부터 사장으로 재직 중이다. 워크맨의 대중화와 혁신적 성장을 주도한 인물로 평가받는다.

"절대 가격을 올리지 않습니다. 오히려 더 낮출 방법을 고민할 겁니다."

'더 벌 수 있는데도 벌지 않는다.'

경영 컨설턴트로 일했던 내 머릿속의 계산기가 삐걱거리며 고장 나기 시작했다.

'도대체 무슨 생각이지? 어떻게 저런 비효율적인, 돈을 걷어차는 결정을 내릴 수 있단 말인가?'

내 눈에는 이 회사가 엄청난 성장 기회를 스스로 차버리는 것처럼 보였다.

하지만 그들의 자신감에는 이유가 있었다. 그들은 눈앞의 '더 큰 이익'이라는 탐욕을 버리고, 누구도 넘볼 수 없는 '지속 가능한 성공 시스템'을 얻었다. 수십 년간 쌓아 올린 고객의 흔들림 없는 신뢰, 유행에 흔들리지 않는 안정적인 수요, 그리고 40년 넘게 동고동락한 협력사와의 깊은 유대에서 비롯된 압도적인 원가 경쟁력과 효율성 말이다. 이 모든 것은 소리치지 않아도 스스로 가치를 드러내는 힘이다.

그들은 스스로 정한 '적정 이익'[3]이라는 명확한 선 안에서만 움

---

[3] 회사가 장기적으로 유지될 수 있을 만큼만 수익을 얻고 그 이상의 욕심은 내려놓는다는 의미다. 과도한 이윤 추구가 결국 장기적인

직였다. 그리고 30년이라는 시간이 흐른 뒤 워크맨은 고객이 '묻지도 따지지도 않고 그냥 믿고 살 수 있는' 유일무이한 브랜드가 되어 있었다.

현명한 어부는 어린 물고기를 놓아주며 미래를 준비하고, 지혜로운 농부는 밭을 묵히며 땅의 힘을 키운다. 워크맨이 이익률을 제한하며 '더 벌지 않겠다'고 선언한 것은 이러한 장기적인 안목에서 비롯된 철학이었다. 그들은 눈앞의 수익보다 고객의 신뢰를 택했다.

나는 그때 깨달았다. 이익을 포기하는 것은 손해가 아니라, 신뢰가 자라날 공간을 만드는 강력한 전략임을. 그 비워둔 공간 덕분에 고객은 망설임 없이 워크맨을 선택했다. 고객의 지갑을 먼저 생각하자, 역설적으로 그들의 지갑은 저절로 열렸다.

당신의 비즈니스나 삶은 어떤가? 눈앞의 이익에 눈이 멀어 더 큰 가치를 놓치고 있지는 않은가. 기억하라. 욕심을 버리고 본질에 집중할 때, 돈은 당신이 생각지도 못한 방식으로 자연스럽게 따라온다.

경쟁력을 약화시킨다는 믿음이 이 철학의 바탕이다.

03

싸우지 않고 이기는 기술: 전쟁터를 선택하라

"워크맨의 가장 강력한 경쟁사는 어디라고 봐야 할까요?"
내 질문에 고하마 사장의 대답은 너무나 간결해서 오히려 더 많은 질문을 불러일으켰다.

"우리는 거인과는 싸우지 않습니다."

순간 머릿속이 하얘졌다. 도요타는 폭스바겐, GM과 피 터지게 싸우고, 유니클로는 ZARA, H&M과 매일 전쟁을 벌인다. 그런데 워크맨은 이상할 정도로 평온해 보였다. 아니, 의도적으로 평온함을 선택했다. 그들은 작업복 시장의 60퍼센트를 차지하는 '법인 시장'이라는 먹음직스러운 파이를 눈앞에 두고도 침 한번 삼키지 않고 외면했다. 내 30년 비즈니스 본능은 '저 큰 시장을 왜 놓쳐! 당장 달려들어야지!'라고 비명을 질렀다.

하지만 워크맨의 생각은 차원이 달랐다.

"물론 법인 시장은 매력적이죠. 돈도 훨씬 많이 벌 수 있을 겁니다. 하지만 그곳에는 이미 강력한 경쟁자들이 버티고 있고, 그들과 제대로 싸우려면 우리가 가진 소중한 자원(시간, 돈, 에너지)을 너무 많이 쏟아부어야 합니다. 우리는 가장 잘할 수 있는 곳, 확실히 이길 수 있는 싸움에만 집중하기로 했습니다."

'싸우지 않는다'는 것은 결코 포기나 도망이 아니었다. 가장 중요한 것에 집중하기 위한 고도의 '전략적 포기'이자, 가장 현명한 선택이었다. 숫자만 보면 법인 시장에 올인하는 것이 당연해 보인다. 한 번에 수천 벌을 납품하는 달콤한 기회 아닌가. 하지만 워크맨은 그 유혹 뒤에 숨은 함정을 정확히 꿰뚫어 보았다. 피 튀기는 레드오션에서 강력한 경쟁자들과 소모전을 벌이느니, 차라리 개인 고객 시장에 모든 것을 쏟아붓겠다고 결정한 것이다.

생각해보라. 법인 영업에 들어가는 보이지 않는 비용들, 다시 말해 끝없는 상담, 견적 비교, 치열한 가격 협상, 까다로운 재고 관리 등 이 모든 에너지 낭비를 워크맨은 '하지 않기로' 결정했다. 대신 여기서 아낀 힘을 개인 고객을 위한 압도적인 제품력과 가격 경쟁력을 만드는 데 쏟아부었다.

결과는 어땠을까? 개인 작업복 시장은 경쟁자들이 감히 넘볼 엄두도 내지 못하는 워크맨만의 철옹성이 되었다. 다윗이 골리앗을 이긴 것은 힘이 세서가 아니었다. 그는 싸움의 규칙 자체를 바꿨다. 거인이 강요하는 칼과 창의 싸움터에 뛰어드는 대신, 자신이 가장 잘하는 돌팔매 싸움을 선택하여 승부를 보았다. 워크맨도 마찬가지였다. 모두가 탐내는 큰 시장이라는 '뻔한 싸움터' 대신, 자신들이 게임의 룰을 만들고 지배할 수 있는 곳을 선택한 뒤 깊이 파고들었다.

이것이 바로 당신의 비즈니스와 인생에 즉시 적용해야 할 워크맨식 '전략적 포기'의 힘이다. 모든 것을 다 가지려고 발버둥 치지 말고 냉정하게 자신에게 물어보라.

'내가 가장 잘할 수 있고, 가장 확실하게 이길 수 있는 영역은 어디인가?'

그곳을 찾아 모든 자원을 집중해야 한다. 때로는 정면으로 부딪히는 용기보다, 이길 수 있는 싸움을 현명하게 선택하는 지혜가 당신을 더 빠르고 확실하게 승리로 이끌 것이다.

당신은 지금 어디서 소중한 힘을 낭비하고 있는가?

나만의 바다를 만드는 법

"중국 시장에 진출해야 하지 않겠습니까?"

워크맨에 합류한 뒤 처음 열린 주주총회에서 투자자의 날카로운 질문이 날아왔다. 성장하는 기업에 해외 진출, 특히 거대한 중국 시장은 너무나 당연하고 매력적인 성공 공식처럼 보였다. 미쓰이 물산 시절, 직접 중국 시장을 뚫으며 큰 성공을 거둔 나 역시 속으로 고개를 끄덕였다. 하지만 워크맨의 대답은, 이제 익숙해질 법도 한데 여전히 내 예상을 또다시 박살 냈다.

"중국 진출은 하지 않습니다."

그들은 기회처럼 보이는 그 화려한 무대 너머의 진짜 현실을 알았다. 가격과 속도 경쟁으로 서로를 물어뜯는 지옥 같은 레드오션. 어설프게 발을 들였다가는 본전도 못 찾을 것이 뻔했다. 워크맨은 그 길 대신, 자신들이 가장 잘 알고, 가장 강력한 힘을 발휘할 수 있는 '일본 내 작업복 시장'이라는 블루오션을 더 깊고 단단하게 만드는 길을 택했다. 남의 떡이 커 보인다고 침 흘리며 달려들지 않은 것이다.

이 선택은 워크맨의 당혹스러운 결정들과 같은 맥락에 있었다. 인기 상품 광고를 하지 않고, 할인을 하지 않고, 더 벌 수 있음에도 벌지 않고, 큰 시장에서 싸우지 않는 것. 이러한 '하지 않음'은 우연이나 변덕이 아니었다. 우리는 불필요한 것을 쌓으며 평생을 보내지만, 위대함은 그것들을 덜어낼 때 비로소 빛난다. 워크맨은 이 '하지 않음'으로 업계 1위의 철옹성을 쌓아 올린, 일관되고 강력한 생존 전략을 완성했다.

그제야 나는 출근 첫날 회장이 던졌던 '하지 않음'의 진의를 어렴풋이 깨닫기 시작했다. 그것은 도망이나 현실 안주가 아니었다. 세상의 소란스러운 기준이나 남들의 기대에 휘둘리지 않고, 우리가 무엇을 해야 하고, 무엇을 하지 말아야 하는지를 명확히 정의하며 선을 긋는 행위였다. 한정된 자원을 흩뿌리는 대신, 워크맨의 핵심 가치에만 집중하는 고도의 전략이었다.

무엇을 지키고 무엇을 버릴 것인가?

워크맨의 이상해 보였던 결정들—광고 안 하기, 할인 안 하기, 더 벌지 않기, 싸우지 않기, 해외 진출 안 하기—이 '하지 않음'은 퍼즐처럼 맞춰지며 하나의 강력하고 선명한 철학을 드러냈다. 그들은 '버려야 할 것들'을 명확히 정의함으로써, 역설적으로 '반드시 지켜야 할 핵심 가치(압도적인 제품 품질, 상식적인 가격, 고객의 절대적인 신뢰)'에 모든 힘을 집중할 수 있었다. 남들이 더 넓은 바다에 깃발을 꽂으러 나갈 때, 워크맨은 자신만의 푸른 바다, 즉 흔들리지 않는 '워크맨다움'을 지키며 더 깊이 파고들었다.

자, 이제 당신의 이야기다. '남들도 다 하니까', '이게 요즘 성공 공식이라니까'라는 생각에 떠밀려서 소중한 가치나 원칙을 헐값에 타협하고 있지는 않은가? 기억하라. 모든 것을 다 잘할 수는 없다. 모든 싸움에서 이길 필요도, 이길 수도 없다. 중요한 것은 당신에게 진정으로 가치 있는 것이 무엇인지 깨닫고, 무엇을 과감히 '하지 않을지' 결정하는 자신만의 기준, 자신만의 게임 규칙을 세우는 것이다.

워크맨에서의 시간은 내게 끊임없이 질문을 던졌다. 내가 버려야 할, 성공을 가로막는 낡은 성공 방정식은 무엇인가? 그리고 어떤 상황에서도 끝까지 지켜야 할 나만의 가치는 무엇인가? 나는 마침내 결심했다. 지난 60년간 나를 지배했던 모든 성공 공식과 고정관념을 버리고, 워크맨의 '하지 않음'의 지혜를 온전히 내 것으로 삼기로.

그렇게 나의 낡은 세계가 무너지고, '하지 않음'이라는 새로운 질서가 막 자리 잡으려 할 때, 현실은 곧바로 다음 질문을 던져왔다. 이토록 단단해 보였던 워크맨의 철옹성에도 '성장의 한계'라는 균열이 보이기 시작한 것이다.

문제는 명확했다. 기존의 '하지 않음'은 현재를 지키는 데는 탁월했지만, 미래를 여는 데는 새로운 열쇠가 필요했다. 그렇다면 이 철학을 버려야 할까? 나는 반대로 생각했다. 바로 이 '하지 않음'의 힘으로 새로운 문을 열어야 한다고.

나는 직원들을 모아 선언했다.

"5년 안에 여기 계신 모든 분의 연봉을 100만 엔씩 올려드리겠습니다."

이는 단순한 허풍이나 막연한 희망이 아니었다. 워크맨의 저력을 믿고, '하지 않음'의 철학 위에서 반드시 새로운 길을 열겠다는 절박한 약속이었다.

그 선언과 함께 워크맨의, 그리고 나의 새로운 도전이 시작되었다. '하지 않음'의 지혜를 바탕으로 우리는 과연 어떻게 새로운 성장의 바다를 찾아 나설 것인가? 그 여정이 지금부터 펼쳐진다.

ACTION 1 선택과 집중의 기술

핵심 원칙

무엇을 '하지 않을지' 결정하는 순간, 당신은 진짜 중요한 것을 지킬 힘을 얻는다.

워크맨's 인사이트

- 워크맨은 돈 되는 광고와 할인을 '하지 않았다'.
- 거대한 법인 시장과 해외 시장(중국)을 '쳐다보지 않았다'.
- 그 결과, 개인 작업복 시장을 독점하고 경쟁 없는 독보적인 성장의 발판을 마련했다.

적용하기

1단계: 당신의 에너지를 좀먹는 밑 빠진 독을 찾아내라.

솔직해져라. 당신의 시간과 노력을 미친 듯이 쏟아붓지만, 결과는 형편없거나 이길 가능성조차 없어 보이는 영역(일, 관계, 프로젝트 등)은 정확히 무엇인가?

_____
_____
_____
_____

2단계: '전략적 후퇴'를 선언하라.

이번 주 당신의 가장 소중한 핵심 가치를 지키기 위해 '하지 않을' 행동을 하나 결정하라. 아주 명확하게, 지금 당장 여기에 선언하듯 적어라.
(예: 퇴근 후 습관적으로 SNS 확인 안 하기, 결과 없는 회의 참석 거절하기, 불필요한 약속 잡지 않기 등)

_____
_____
_____
_____

3단계: '하지 않음'으로써 얻게 될 진짜 보상을 상상하라.

쓸데없는 싸움에서 한발 물러서는 순간, 당신은 흩어졌던 소중한 자원(시간, 에너지, 집중력)을 되찾고, 진짜 중요한 목표에 올인할 수 있는 전략적 우위를 확보하게 된다. 이 '하지 않음'이 당신의 최종 목표 달성에 구체적으로 어떻게 기여할 것 같은가? 뜬구름 잡지 말고 현실적인 기대를 적어보라.

_____
_____
_____
_____

PART 2

발견

'하지 않음'으로 찾는 새로운 기회

04

누구도 보지 못한 기회를 찾다

"5년 안에 직원 연봉 100만 엔 인상."

직원들 앞에서 큰소리는 쳤지만 솔직히 등 뒤로 식은땀이 줄줄 흘렀다. 워크맨이 40년간 쌓아온 '하지 않는 경영'의 힘은 분명 대단했다. 광고 없이, 할인 없이, 경쟁 없이도 작업복 시장에서 굳건히 1위를 지켜왔다. 이건 거의 기적에 가까운 성공 스토리였다.

하지만 문제는 바로 그 성공이었다. 언제부턴가 워크맨의 성장은 명백히 정체되기 시작했다. 작업복 시장이라는 우물은 깊었지만, 성장하기에는 지나치게 좁았다. 아무리 낙관적으로 보아도 매장 수와 매출은 각각 1,000개, 1,000억 엔을 넘기기 어려웠다. 도심은 진입 비용이 너무 높았고 지방은 이미 포화 상태였다. 잔잔한 수면 아래, 거대한 온라인 공룡들이 언제 우리 배를 뒤엎을지 모른다는, 폭풍 전야의 불안감이 조직 전체를 감돌았다.

자, 당신이 정상의 자리에 올랐다고 가정해보자. 그때 발목을 잡는 가장 무서운 적은 누구일까? 외부의 경쟁자? 아니다. 바로 당신이 그 자리에 오르기까지 피땀 흘려 쌓아 올린 '성공'이라는 견고한 성벽, 바로 자신이다. 워크맨 내부에는 서서히, 그러나 확실하게 안일함이라는 독버섯이 자라났다.

'우리는 우리 방식대로 하면 돼. 지금까지 잘해왔잖아?'

지난 수십 년의 압도적인 성공에 뿌리내린 자만심이 조직 곳곳에 스며들어 있었다.

워크맨은 '작업복'이라는, 어떻게 보면 좁디좁은 시장에서 누구도 넘볼 수 없는 독보적인 왕좌를 차지했다. 수십 년간 쌓아 올린 압도적인 성공과 노력은 충분히 박수갈채를 받을 만했다. 하지만 우물 꼭대기에 올라선 워크맨이 마주한 현실은 더 이상 파고들 땅이 없다는 냉혹한 진실이었다. 어쩌면 한 우물만 30년 넘게 파온 사람들에게, 다른 길을 상상하는 것 자체가 엄청난 공포였을지도 모른다. 특히 이미 큰 성공을 거뒀고 2위와의 격차가 까마득하다면 더욱 그럴 것이다. 익숙하고 검증된 과거의 길이 훨씬 안전하게 느껴지는 것은 인간의 본능적인 방어기제다. 실패가 두려운 것이다.

워크맨의 과거 성공은 약자가 강자를 이기는 '란체스터 전략'[4]의

---

4 제1차 세계대전의 전투 분석에서 유래한 경영 전략. 시장의 강

살아 있는 교과서였다. 한정된 전장(작업복 시장)에 모든 자원을 집중해 경쟁자들을 압도적인 격차로 초토화했기 때문이다. 하지만 세상에 영원한 성공 공식은 없다. 란체스터 전략은 '어디서 어떻게 싸울 것인가'에 대한 기막힌 답을 주었을 뿐, '이 성공 공식이 언제까지 유효할 것인가?'라는 질문에는 침묵했다.

모든 성공 공식에는 반드시 유통 기한이 있다. 시대가 바뀌고 시장의 판도가 뒤집히면, 과거 당신을 영웅으로 만들었던 바로 그 무기가 순식간에 당신을 가두는 올가미가 될 수 있다. 성공에 안주하는 순간, 도태는 피할 수 없는 운명이다.

만약 상상조차 못 했던 새로운 포식자, 예를 들어 '게임의 룰 자체를 바꾸려는 거대 자본'이 나타난다면? 그들은 돈의 힘으로 물건을 찍어내 시장 질서를 파괴하고, 밑지는 장사도 불사하며 가격 경쟁을 일으켜 생태계 자체를 초토화할 수 있다. 만약 그런 존재가 예고 없이 이 고요한 바다에 뛰어든다면 워크맨은 과연 제대로 맞서 싸울 수 있을까? 평화에 길들여져 전투를 겪어보지 못한 군대가 총성 한 번에 허무하게 무너지는 일은 역사에서 수없이 반복되었다.

새로운 도약이 절실했다. 이는 선택이 아니라 생존의 문제였다.

자는 전면전을, 약자는 강자와의 정면 대결을 피하고 특정 분야에 힘을 집중하는 국지전을 벌여야 승산이 있다는 이론이다.

우리의 진짜 무기는 무엇인가?

새로운 길을 가려면 어떻게 해야 할까? 과거의 나라면 십중팔구 여기서 실수를 저질렀을 것이다. 예전에는 당장 돈이 될 만한 아이템을 물색하고, 밤새 그럴싸한 기획안을 만들고, 예산을 어떻게든 따내서 속전속결로 밀어붙이는 게 '일 잘하는 사람'의 방식이라고 착각했다. 하지만 워크맨에서의 경험은 나를 다른 방식으로 사고하게 만들었다. 새로운 시작은 누구나 할 수 있다. 그러나 화려한 계획을 세우기 전에 답해야 할 것은 근원적이고 본질적인 질문들이다.

'우리는 누구인가? 우리는 무엇을 할 수 있는가?'

이는 단순한 자기 성찰이 아니다. 생존과 성장을 가르는 가장 날카로운 질문이다. 어떤 싸움이든 내가 가진 무기, 즉 우리 회사의 강점을 정확히 아는 것에서 전략이 시작된다.

그래서 나는 물었다. 이제 당신도 스스로에게 물어야 한다. 성공과 실패를 가를 일곱 가지 질문이다.

① **강점 찾기**: 우리의 진짜 무기는 무엇인가?
② **강점 강화**: 그 무기를 더 날카롭게 벼릴 수 있는가?
③ **진출 시장 선정**: 어디서 무기를 휘두를 것인가?
④ **시장 세분화**: 어떤 시장을 어떻게 장악할 것인가?

⑤ **직원 동기 부여:** 누가 이 깃발 아래 모일 것인가?

⑥ **소규모 테스트:** 작은 승리부터 쟁취할 수 있는가?

⑦ **진출:** 이제 모든 것을 걸고 판을 뒤바꿀 때인가?

착각하지 마라. 이것들은 순서대로 풀리는 착한 문제들이 아니다. 현실은 언제나 예측 불가능한 혼돈이며 끊임없이 요동친다. 우리는 이 모든 질문을 머릿속에 동시에 품고, 맨몸으로 부딪히고 깨지면서 앞으로 나아갈 뿐이다. 그렇게 당신만의 승리 지도를 그려나갈 수밖에 없다. 세상이 겉만 번지르르한 최신 유행 전략이나 앵무새처럼 떠들 때, 진짜 승부를 아는 사람은 가장 본질적인 첫 번째 질문으로 돌아간다.

'우리의 진짜 무기는 무엇인가?'

명심하라. 당신 손에 무엇이 들려 있는지 알아야 비로소 싸움을 시작할 수 있다. 다른 모든 것은 그다음이다.

기업의 강점, 즉 무기는 수만 가지 형태로 존재한다. 기획력, 제조력, 제품 개발력, 브랜드 파워, 판매 능력, 네트워크, 온라인 장악력, 충성 고객, 고객 관리 능력, 원가 경쟁력, 입지, 조달 능력, 공급망 효율성… 리스트는 끝도 없다. 물론 겉만 번지르르한 외부 컨설팅 보고서에도 답이 있는 것처럼 보일 수 있다. 하지만 단언컨대 진짜 보물은 언제나 현장에 있다. 매일 땀 흘리며 일하는 직

블루오션 시장을 만드는 전략

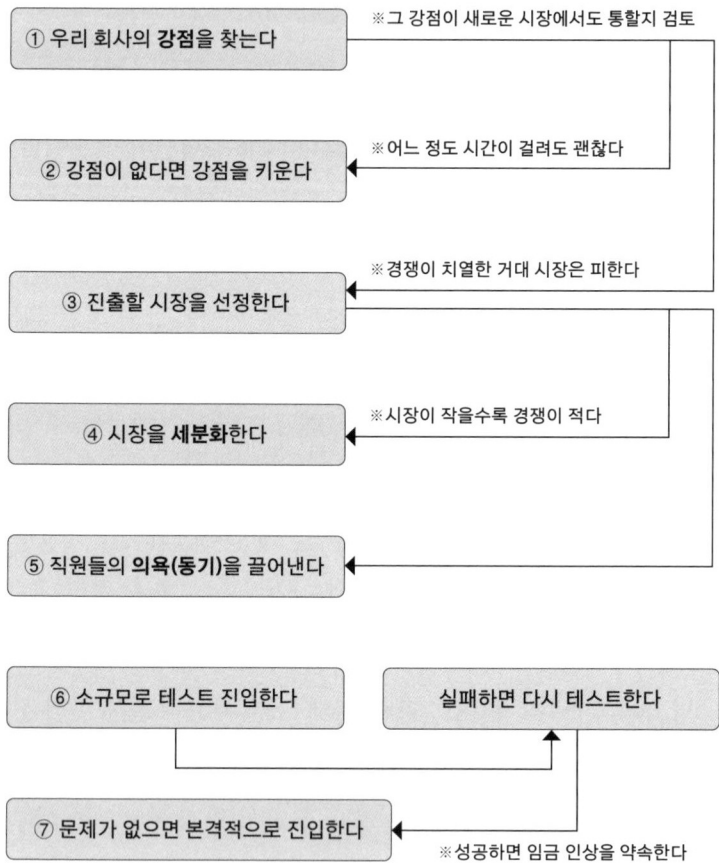

원들의 머리와 가슴속, 그리고 당연하게 여겨지는 일상과 자부심 속에 기업의 진짜 DNA, 진짜 강점이 숨겨져 있다.

이 막연한 탐색에 날카로운 나침반을 들이대기 위해 나는 마이클 트레이시와 프레드 위어시마가 《마켓리더의 전략》(2004)에서 제시한 '경쟁력의 세 가지 원천' 개념을 활용했다. 그들은 위대한 기업들이 다음 세 가지 중 하나에서 압도적인 경쟁력을 갖춘다고 했다.

- ★ **제품력:** 경쟁자와 차원이 다른 제품을 만드는 능력
- ★ **고객 관계 역량:** 고객을 팬으로 만들고 절대 놓치지 않는 능력
- ★ **운영력:** 현장을 끊임없이 개선하고, 극한의 효율성으로 저비용 구조를 만드는 능력

이 기준으로 나는 우리에게 냉정하게 질문했다.

- ★ 우리는 압도적인 제품을 갖고 있는가?
- ★ 우리는 고객을 팬으로 만들 수 있는가?
- ★ 우리는 현장을 지속적으로 개선하고 효율화할 수 있는가?

워크맨의 답은 놀라울 정도로 명확했다. 여러 강점 중 단연 돋

보이는 것은 '운영력'이었다. '하지 않는 경영'으로 불필요한 비용을 극한까지 줄인 효율성, 경쟁사보다 훨씬 낮은 가격에 제품을 조달하는 구매력, 그리고 철저히 표준화된 업무 시스템. 이것들이 워크맨의 강력한 저비용 운영 체계를 이루는 핵심 요소였다. 이 운영 체계는 경쟁사가 감히 따라 할 엄두도 내지 못할 만큼 강력했다. 이것이야말로 워크맨이 수십 년간 피땀 흘려 갈고닦은 가장 날카로운 무기였다. 이 무기 하나만 제대로 휘두른다면 우리는 시장을 완전히 장악할 수 있었다. 이제 남은 질문은 하나였다.

'이 강력한 무기를 들고 어디로 가야 하는가?'

가장 날카로운 무기를 더욱 강하게

진짜 질문은 이제부터다.

"강점을 어떻게 활용해 이길 것인가?"

나는 워크맨의 강력한 무기인 운영력을 바탕으로 나아갈 수 있는 여러 갈래의 길을 머릿속에 그려보았다. 당신의 회사, 혹은 당신 자신의 강점이 무엇이든, 크게 보면 다음 아홉 가지 전략 방향 중 하나를 선택하거나 조합해야 할 것이다. 당신의 상황에 맞는 가장 강력한 길을 찾아라.

★ **당신의 무기가 '제품력'이라면?**

① **제품력을 더욱 강화한다:** 경쟁 제품을 초라하게 만들 압도적인 제품을 만들어라. 고객이 스스로 찾아와 줄 서게 만들고, 판촉이나 광고가 무의미해질 만큼.

② **기존 고객을 '찐팬'으로 만든다:** 이미 당신 제품을 좋아하는 고객의 니즈를 정확히 저격해 유대감을 극대화하고, 절대 떠나지 못하게 하라.

③ **운영력을 강화한다:** 효율성을 높여 '최고 제품 + 최저 가격'이라는 반칙 같은 조합으로 시장 점유율을 확실히 넓혀라.

★ **당신의 무기가 '고객 관리 역량'이라면?**

④ **제품력을 강화한다:** 당신을 믿는 고객에게 새로운 제품을 자신 있게 선보여라. 제품 하나를 살 고객이 두세 개를 사게 하라. 이는 가장 쉬운 확장법이다.

⑤ **고객을 평생 파트너로 만든다:** 관계를 더욱 깊고 단단히 만들어라. 고객 이탈률이 줄고 충성도가 극대화된다.

⑥ **효율적인 운영으로 고객 만족을 극대화한다:** 현장 개선으로 서비스 품질을 혁신하라. 고객 만족과 신뢰, 두 마리 토끼를 잡는 길이다.

★ **당신의 무기가 '운영력'이라면?**

⑦ **제품력을 강화한다:** 뛰어난 운영력에 좋은 제품을 더한다면 미친 가성비라는 시장 최강의 무기를 손에 쥐게 된다.

⑧ **고객 관계력을 강화한다:** 효율적인 운영으로 확보한 자원을 고객과의 접점 확대에 투자하라. 흔들리지 않는 탄탄한 고정 고객 기반을 구축하는 방법이다.

⑨ **운영력을 더욱 정교하게 다듬는다:** 이미 강력한 운영 시스템을 더욱 날카롭고 정교하게 만들어라. 단 1엔의 낭비도 용납하지 않는 극한의 효율화를 통해 지속적인 우위를 확보한다.

수많은 가능성 중 나는 ⑦번, 즉 운영력에 제품력을 더하는 방향을 택했다. 이는 단순히 1 더하기 1이 아니다. 1 곱하기 10, 아니 100의 폭발적인 시너지를 노리는 전략이다. '하지 않는 경영'으로 비용을 극한까지 줄인 운영 시스템(운영력)을 유지하면서, 경쟁사가 따라올 수 없는 '고기능 제품'을 '말도 안 되는 가격(제품력)'에 만들어낸다면? 우리는 완전히 새로운 시장에서도 충분히 승산이 있다고 확신했다.

이는 '기능과 가격에 새로운 기준을 제시한다'는 워크맨의 오랜 철학과도 정확히 일치했다. 놀라운 기능을, 정말 놀랍도록 저렴한 가격에 제공하는 것이 우리가 새로운 전쟁터에서 휘두를 가장 강

우리 회사의 강점과 강화 도구

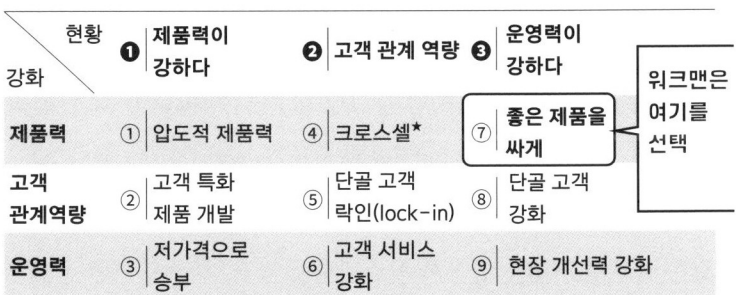

- 워크맨은 본래의 강점인 저비용 운영력에 더해, 제품 차별화로 새로운 시장에 진출했다
- 세 가지 경쟁력 개념은 《마켓리더의 전략》에서 인용

★ 고객이 구매한 상품과 연계해 추가 판매하는 판매 방식.

력하고 효과적인 무기가 될 터였다.

블루오션도 썩는다

가장 날카로운 무기(운영력)를 확인했고, 그것을 더욱 강력하게 만들 방향(제품력 더하기)도 정했다. 이제 남은 질문은 '어디서 싸울 것인가?'였다.

새로운 꿈을 꿈 때, 저 멀리 보이는 푸른 초원은 유독 매력적으로 보인다. 워크맨 역시 해외 시장이라는 달콤한 유혹에 잠시 흔들렸다. 더 넓은 세상으로 나아가고 싶은 욕망은 인간이라면 누구나 품는 본능이다. 하지만 나는 뼈아픈 경험으로 안다. '남의 잔디가 더 푸르게 보인다'는 속담은 그냥 나온 말이 아니다. 너무 멀리 있는 곳, 내가 잘 알지 못하는 곳을 섣불리 노려서는 안 된다. 냉정하게 현실을 직시했다. 당시 워크맨은 SPA(제조·유통 일괄 시스템)와 같은 글로벌 경쟁에 필요한 시스템도 없었고, 최강 무기인 운영력을 해외에서 발휘할 기반 자체가 전무했다. 준비 없이 무턱대고 낙하산처럼 뛰어들었다가는 착륙도 하기 전에 처참하게 좌초할 것이 뻔했다.

그래서 고개를 돌려 가장 가까운 곳, 어쩌면 너무 익숙해서 그 가능성을 지나쳤을지 모르는 인접 시장을 살피기 시작했다. 먼 곳의 불확실함보다 가까운 곳의 현실적인 기회를 잡는 편이 훨씬 현명하다고 판단했다. 가까운 시장은 경쟁 상황을 파악하기도 쉬웠다. 그리고 무엇보다 우리의 무기가 통할지 판단하기 수월했다.

하지만 아무리 좋은 무기도 전쟁터가 변하면 순식간에 고철 덩어리가 된다. 워크맨이 수십 년간 군림해온 작업복 시장이라는 강물은 지금 어떻게 흐르고 있었을까? 가장 잘 안다고 자부했던 시장도 안전한 블루오션에 안주하는 순간, 보이지 않는 곳에서 오염은 시작된다. 변화의 흐름을 읽지 못하면 피도에 익사할 수도 있다.

사업 초기에는 모든 것이 명확해 보인다. '누구에게', '어떤 가치'를 제공할 것인지. 워크맨의 시작도 그랬다. 주요 고객은 건설현장 기술자였고, 우리는 '고기능+저가'라는 확실한 가치를 제공하며 꾸준히 성장했다. 1980년 군마현에서 '장인의 가게'라는 이름으로 시작해 1988년 100개, 2002년 500개, 2017년 800개 매장으로 성장했다. 하지만 세상은 변하고 있었다. 우리가 믿었던 '현실'이 서서히, 그러나 분명하게 달라지고 있었다. 핵심 고객인 건설 장인의 수가 매년 줄어들었고, 작업복 시장 전체의 성장률도 명백히 둔화되고 있었다. 이것은 위험 신호였다.

변화는 이뿐만이 아니었다. 작업복을 바라보는 사람들의 인식과 소비 방식 자체가 완전히 뒤바뀌고 있었다.

첫째, 소비 주체의 변화다. 예전에는 회사가 작업복을 일괄 지급하는 경우가 많았지만, 2008년 리먼 쇼크 이후 개인이 자신의 돈으로 작업복을 사는 경우가 늘어났다. 그러니 당연히 기능만 보는 게 아니라 디자인, 스타일, 착용감까지 꼼꼼하게 따지기 시작했다.

둘째, 스타일의 진화다. 칙칙하고 투박했던 디자인은 점차 세련되고 스타일리시한 방향으로 바뀌었다. 과거 유행했던 통 넓은 바지가 기계 끼임 사고 위험으로 금지된 것도 스타일 변화를 부추겼다.

셋째, 노동 인구의 변화다. 베이비붐 세대가 은퇴하며 건설 현장은 인력난에 시달렸다. 1997년 685만 명이던 건설업 취업자는 2015년 500만 명으로 급감했다. 젊은 인력을 끌어들이기 위해 '멋'은 이제 필수 요소가 되었고, 멋진 작업복은 직업 선택의 중요한 기준으로 떠올랐다.

넷째, 색상에 대한 고정관념이 깨졌다. 과거 빨간색은 '피를 연상시킨다'는 이유로 금기시되었다. 하지만 요즘은 작업 현장의 안전을 위해 '눈에 잘 띄는 게 최고'라는 인식이 퍼지며 과감하게 사용되고 있다. 눈에 띄는 색상이 곧 생명을 지키는 안전장치가 된 것이다.

마지막으로, 가장 흥미로운 변화는 작업복과 일반복의 경계가 점차 사라지고 있다는 점이었다. 요즘 작업복은 상하의 색깔을 다르게 입는 것은 기본이고, 데님 소재의 작업복 세트는 불티나게 팔린다. 상의만 입으면 청자켓으로 손색없다. 작업복은 더 이상 작업 현장에만 머물지 않고 일상 속으로 스며들고 있다.

이 변화의 흐름을 제대로 읽지 못했다면, 워크맨은 '과거에 잘

작업복 업계의 진화

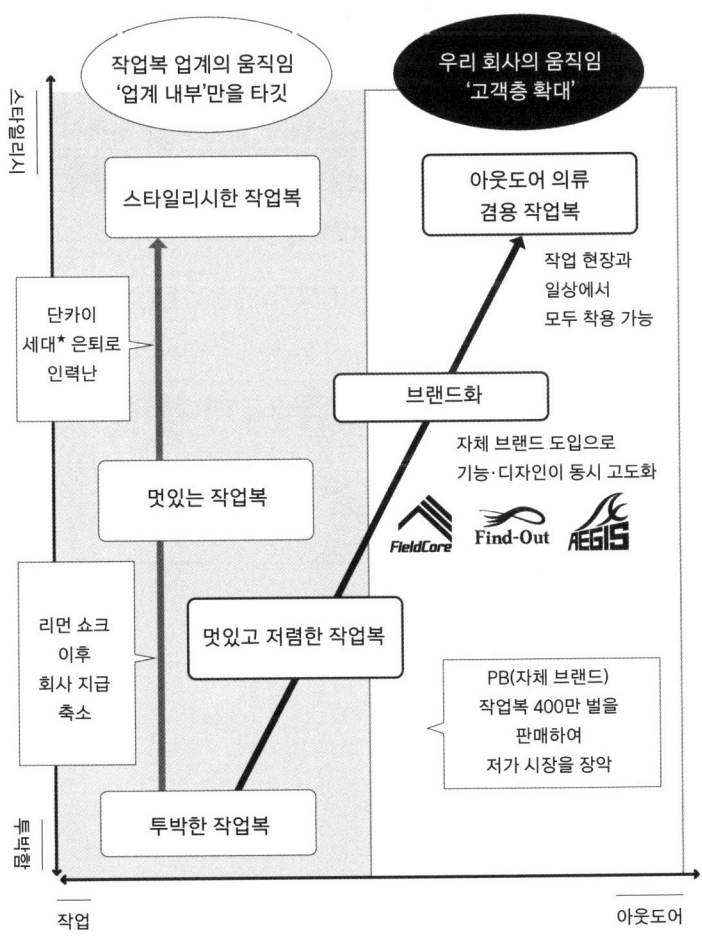

★ 2차 세계대전 이후에 태어난 일본의 베이비붐 세대

나갔던 작업복 회사'로 역사 속으로 사라졌을지도 모른다. 당신의 시장은 지금 어떻게 변하고 있는가? 당신은 그 변화를 제대로 감지하고 있는가, 아니면 과거의 성공에 취해 보지 못하고 있는가?

아웃도어웨어와 일상복의 경계도 마찬가지다. 사람들은 더 이상 옷장만 차지하는 '특별한 날에만 입는 옷' 따위를 원하지 않는다. 뛰어난 기능을 갖춘 옷을 합리적인 가격에 사서, 작업할 때든, 캠핑 갈 때든, 주말에 외출할 때든 경계 없이 넘나들며 입고 싶어 하는 아주 똑똑한 소비자의 시대가 왔다. 바로 이 변화의 거대한 흐름 속에서 나는 기존의 작업복 시장과 바로 옆에 붙어 있는 아웃도어웨어 시장과의 경계, 이 흐릿한 중간 지대에 주목했다. 두 시장은 겉으로는 달라 보였지만, '기능성 웨어'라는 강력한 공통분모가 있었다. 특히 작업복이 점점 스타일리시해지면서 두 시장은 무섭게 닮아가고 있었다.

여기서 결정적인 질문이 떠올랐다.

'이 경계에 우리가 깃발을 꽂을 자리가 있지 않을까?'

처음에는 수많은 가설 중 하나일 뿐이었다. 하지만 나는 강력한 직감을 느끼며 냉철한 계산을 하고 있었다.

'작업복 시장의 게임 규칙이 아웃도어웨어 시장보다 우리에게 압도적으로 유리하다.'

그 이유는 명확했다. 작업복은 유행을 타지 않아 같은 제품을 오

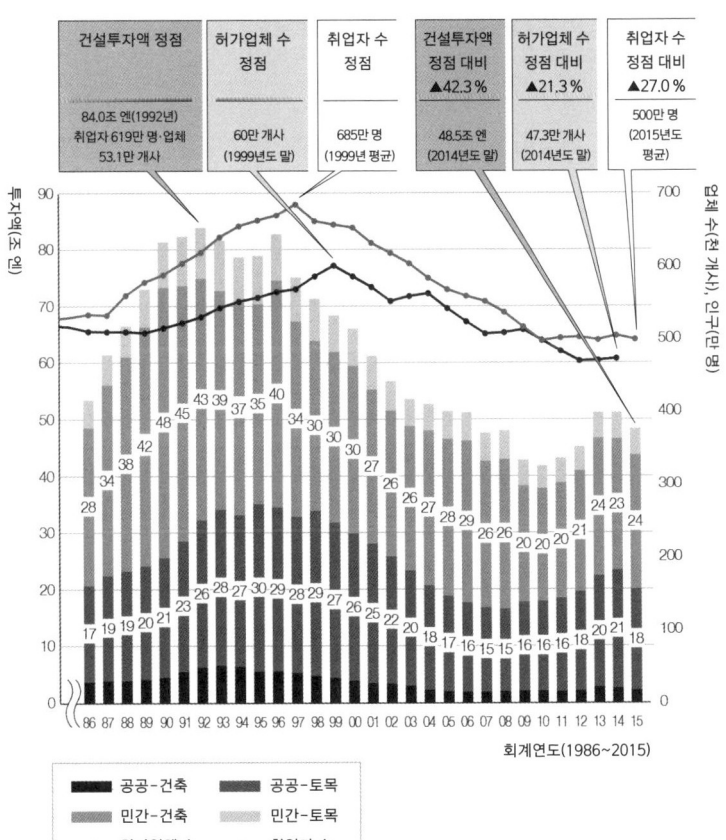

랫동안 판매할 수 있다. 가격은 낮지만 작업 현장의 소모품이기에 닳으면 다시 구매한다. 혹독한 야외 노동 환경을 견뎌야 하므로 방수, 방한, 내구성 같은 기능성은 타협할 수 없는 기본값이다. 그렇다 보니 재고 부담이 적고, 가격 경쟁력과 품질 경쟁력이 확보되었다. 나는 이 세 가지 강점이 아웃도어웨어 시장에서도 강력한 무기가 될 것이라 확신했다. 작업복 시장에서 단련된 워크맨이 아웃도어 시장에 진출한다면 자연스럽게 경쟁 우위를 확보할 수 있을 것이다. 이 판단을 기준으로 우리는 아웃도어웨어라는 새로운 시장의 가능성을 현실로 만들기 위한 구체적인 작업에 착수했다. 드디어 워크맨이 나아갈 새로운 바다가 보이기 시작했다.

어떻게 빈틈을 찾아냈는가?

공략할 시장은 정했다. 그런데 그 넓은 바다 어디에 깃발을 꽂아야 할까? 막연한 감만으로는 부족했다. 복잡한 문제에 부딪혔을 때 당신은 어떻게 하는가? 나는 백지를 꺼내 그림을 그린다. 이상하게 들릴지 모르지만, 이는 내게 가장 강력한 문제 해결 도구다. 네모 칸을 나누고, 화살표를 그리며, 단어를 적다 보면 엉킨 생각의 실타래가 스르르 풀린다. 아이디어는 책상 앞에서 끙끙 앓는다고 나오는 게 아니다. 손을 움직이며 생각을 시각화하는 과정에서

번뜩 떠오른다. 워크맨의 새로운 길을 찾을 때도 나는 어김없이 이 방법을 썼다.

먼저 가장 기본적인 지도를 그렸다. 세로축에 '시장 규모'(크다/작다), 가로축에 '가격대'(높다/낮다)를 설정해 사분면을 만들었다. 워크맨이라는 배가 나아갈 다음 전쟁터를 찾기 위한 첫걸음이었다. 시장을 범용 시장(큰 시장)과 틈새시장(작은 시장), 고가 시장과 저가 시장으로 나누어 보았다.

이 지도를 펼쳐놓고 보니 '고가격' 시장이 가장 먼저 눈에 들어왔다. 하지만 그곳은 이미 강력한 브랜드들이 피 터지게 싸우는 '레드오션'이었다. 진입장벽은 높고, 한 발 잘못 디디면 회사 전체가 휘청일 수 있는 위험한 곳이다.

반면 '저가격' 시장은 어떨까? 언뜻 초라하고 이익이 적어 보일지 모른다. 하지만 나는 이곳에 워크맨의 기회가 숨어 있다고 믿었다. 왜? 우리의 최강 무기인 운영력이 빛을 발할 수 있는 유일한 영역이었기 때문이다. 철저하게 파고들어 압도적인 가격 경쟁력을 확보하면, 경쟁자가 감히 넘볼 수 없는 우리만의 확고한 영역을 구축할 수 있다. 단, 전제 조건이 있다. 경영자의 강력한 결단, 즉 '하지 않는 경영'에 대한 철저한 각오다. 불필요한 모든 것을 미련 없이 덜어내고, '저가격 고효율'이라는 단 한 가지에 모든 것을 집중해야 한다.

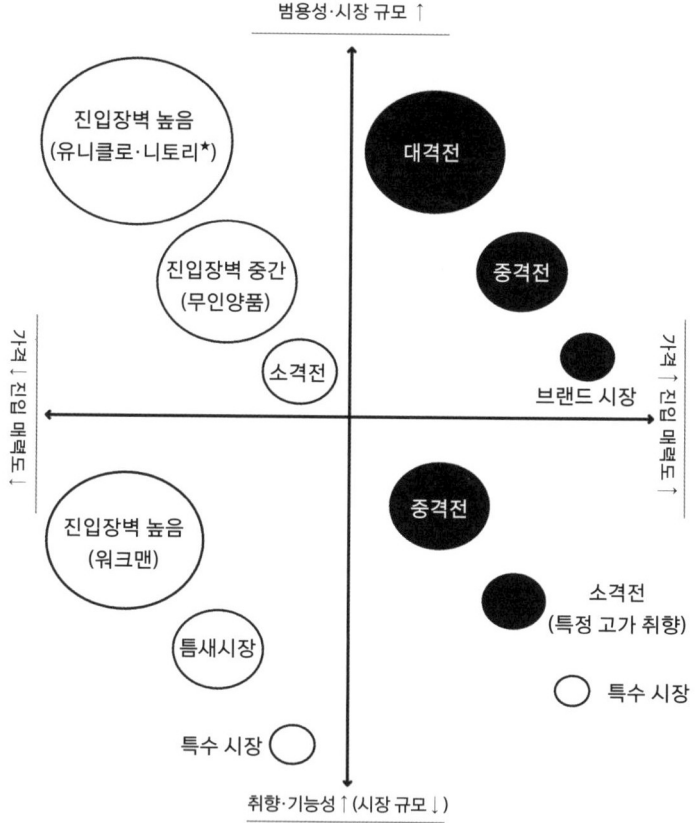

처음 이 아이디어를 내놓았을 때 모두가 고개를 저었다. '아웃도어 시장은 이미 포화 상태'라는 이유였다. 심지어 거액을 주고 의뢰한 리서치 업체의 보고서도 냉정하고 단호했다.

"이 시장에는 이미 너무 많은 강자가 버티고 있습니다. 워크맨은 아웃도어 브랜드로 전혀 인식되지 않아 고객은 선택지로 고려조차 하지 않을 겁니다."

노스페이스, 파타고니아, 몽벨 같은 브랜드 사이에서 워크맨은 그저 '작업복 가게'일 뿐이었다. 소비자 인터뷰 결과도 처참했다.

하지만 나는 이상하게 흔들리지 않았다. 그들은 시장을 단순히 '아웃도어'라는 거대한 덩어리로만 보았다. 나는 달랐다. 축의 기준을 바꾸고, 다른 업계의 성공과 실패 사례를 대입하며 수십 번을 그리고 지우기를 반복했다. 머리가 깨질 듯했지만 그 과정에서 결정적인 깨달음을 얻었다. 아무리 꽉 막혀 보이는 시장이라도, '어떻게 나누느냐(세분화)'에 따라 의외의 빈틈이 반드시 있다.

빈틈은 원래 존재하는 게 아니다. 시장을 어떻게 정의하고 나누느냐에 따라 새롭게 만들어진다. 당신도 남들이 정해놓은 틀 안에서만 생각하고 있지는 않은가?

이번에는 내가 그린 두 번째 지도를 보자. 세로축에 가격(고가/저가), 가로축에 핵심 가치(기능성/디자인성)로 시장을 사분면으로 나누자 믿을 수 없는 광경이 펼쳐졌다.

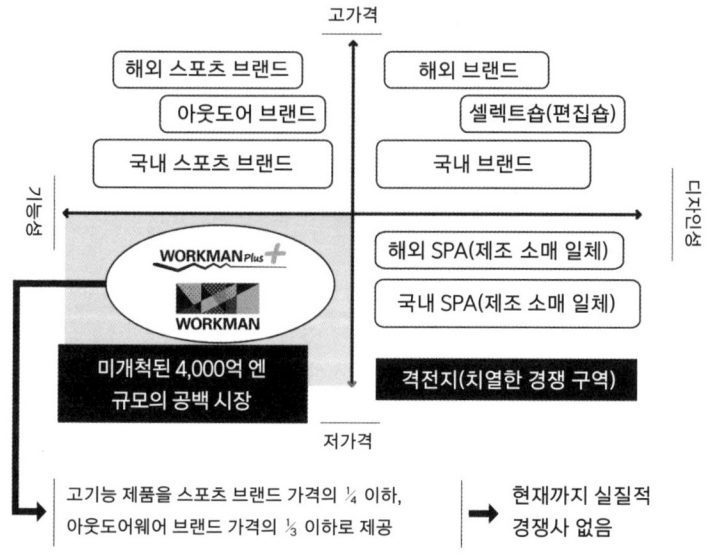

- ★ **기능성**×**고가격**(좌측 상단): 기존 아웃도어/스포츠 브랜드의 난공불락 요새다. 노스페이스, 파타고니아 같은 거인이 버티고 있다.
- ★ **디자인성**×**고가격**(우측 상단): 해외 명품 브랜드, 고급 편집숍 브랜드가 그들만의 리그를 형성하는 곳이다.
- ★ **디자인성**×**저가격**(우측 하단): 유니클로, ZARA 같은 SPA 브랜드가 매일 피 터지게 싸우는 격전지다. 디자인은 그럴싸하지만 기능성은 기

대하기 어렵다.

★ **기능성**×**저가격**(좌측 하단): 텅 비어 있었다. 마치 약속이라도 한 듯 아무도 깃발을 꽂지 않은 거대한 공백!

바로 저 왼쪽 아래, '기능성은 뛰어나면서 가격은 저렴한' 영역이 아무도 주목하지 않은 채 텅 비어 있었다. 워크맨과 워크맨 플러스는 이 빈틈을 발견하고 파고들었다. 결국 '진입 불가'라는 평가는 시장을 너무 뭉뚱그려 바라본, 세분화라는 핵심 관점이 빠진 멍청한 판단이다. 문제는 시장 자체가 아니다. 그 시장을 어떻게 바라보고, 어떻게 새롭게 정의하느냐에 달려 있다. 당신의 눈앞에 있는 시장도 마찬가지다. 어떻게 나누고 정의하느냐에 따라, 꽉 막힌 레드오션이 순식간에 기회의 블루오션으로 바뀔 수 있다.

그런데 이 빈틈의 크기는 도대체 얼마나 될까? 워크맨 플러스의 성공이 이어지면서 우리가 발견한 시장이 생각보다 훨씬 크다는 직감을 얻었지만 정확한 숫자는 알기 어려웠다. 그래서 해외 사례를 조사했고, 곧 흥미로운 비교 대상을 발견했다. 바로 데카트론(Decathlon)이라는 프랑스 회사였다. 저가 중심 아웃도어웨어로 유명한 이 기업의 프랑스 내 매출을 일본 인구 기준으로 환산하니 무려 4,000억 엔에 달했다.

순간 머리가 멍해졌다. 2020년 3월 기준, 우리의 아웃도어웨어

시장 세분화 키워드

속성	구분	두 극단 A	중간	두 극단 B
사람	성별	남성	공용(유니섹스)	여성
	연령	고령	중년	젊음
	건강 상태	건강 불안	장래 건강 불안	건강 걱정 없음
생활	거주 거점	도시	교외	시골
	동거 가족 수	3인 이상	2인	1인 가구
	주거 환경	넓음	보통	좁음
사용 방식	용도	업무용	업무용/개인용	개인용
	기분(무드)	특별한 날처럼 기분 좋음	보통	편안함
	시간대	아침	낮	밤
환경	날씨	맑음	흐림	비
	기후	더움	쾌적	추움
성향	가격 지향	가격 의식 낮음	가격 의식 낮음	가격으로 선택
	구매 성향	새로움 선호	가끔 도전	보수적
	여가/놀이	도시 지향	상황에 따라	아웃도어 지향
	브랜드 의식	브랜드 선호	상품에 따라 다름	의식하지 않음
	색상 취향	화려	보통	수수

* 회색 항목은 앞으로 성장 가능성이 있는 영역을 의미한다.

매출은 약 400억 엔이었다. 데카트론의 10분의 1 수준에 불과했다. 우리는 이 시장을 기껏해야 1,000억 엔 규모로 추정했는데, 실제로는 그 네 배에 달하는 어마어마한 시장이었던 것이다! 이건 더 이상 틈새시장이 아니었다. 솔직히 말해서 이 규모를 미리 알았다면 어땠을까? 아마 우리의 역량과 시장 크기의 엄청난 격차에 지레 겁을 먹고 진입을 망설였을지도 모른다.

얼마 후 직원이 흥분한 목소리로 달려와 보고했다.

"소프트뱅크 손정의 회장님이 우리 워크맨 사례를 언급했답니다. 4,000억 엔짜리 화이트 마켓(주인 없는 시장)을 기가 막히게 잘 찾아냈다고 평가했어요."

때로는 모르는 게 약이고, 약간의 무모함이 새로운 길을 열어주기도 한다. 우리는 처음부터 아웃도어 시장의 거인들과 정면 승부를 벌일 생각이 없었다. 그저 우리가 가장 잘하는 것으로 작은 틈새를 공략하려 했을 뿐인데, 알고 보니 그 틈새는 태평양이었다.

05

빈틈에 깃발을 꽂다: 워크맨 플러스 실행과 결과

자, 당신 앞에 거대한 기회의 땅이 펼쳐졌다고 상상해보자. 당신은 어떻게 움직일 것인가? 과거의 나라면 당장 새로운 아이템을 찾고, 밤새 그럴싸한 기획안을 만들고, 예산을 확보해 전속력으로 돌진했을 것이다. 그것이 성공하는 사람의 방식이라고 굳게 믿었기 때문이다.

하지만 이제는 그것이 성공이 아니라, 돈과 시간을 낭비하는 가장 확실한 지름길이라는 사실을 안다. 특히 거대한 자본과 자원을 갖지 못한 경우라면 더욱 그렇다. 이는 내가 미쓰이물산에서 9년간 벤처 사업을 하며 값비싼 수업료를 내고 깨달은 진실이다.

의미 있는 성과를 냈던 레이저 프린터 사업에서 나는 비슷한 실수를 저지른 경험이 있다. 우리 제품의 성능은 뛰어났다. 아주 작은 글자까지 선명하게 인쇄할 수 있는 거의 유일한 제품이었고,

시장은 뜨겁게 반응했다. 우리만의 강점이 통하는 확실한 틈새를 찾았던 것이다. 하지만 거기서 나는 어리석은 판단을 내렸다. 작은 성공에 도취되어, '거인'들이 버티고 있는 일반 저가 프린터 시장이라는 더 넓은 바다로 뛰어들었다.

'나도 할 수 있다!'는 막연한 기대감으로 말이다. 무려 5억 엔이라는 거액의 TV 광고까지 집행하며 야심 차게 도전했지만, 결과는 처참했다. 딱 1년 뒤, 대기업들이 더 저렴한 제품을 내놓자 속수무책으로 밀려났다.

그 실패에서 얻은 교훈은 명확했다. '거인들과 정면으로 싸워 이길 수 없다. 힘으로 맞붙으면 무조건 진다'. 그들의 운동장에서 그들의 규칙으로 싸우는 것은 패배를 자초하는 길이다.

목표는 낮게, 시작은 작게

그렇다면 안전한 틈새시장에만 머무는 것이 답일까? 그것도 정답은 아니었다. 과거 내가 개발했던 스포츠 폼 분석 장치[5]는 만드는 족족 팔려나갔지만, 시장 자체가 너무 작았다. 아무리 많이 팔아

---

5   골프 스윙이나 투수 자세를 촬영해 느린 재생으로 보여주며 동작을 분석하는 기기.

도 회사 전체를 이끌 만한 의미 있는 수익으로 이어지지 않았다. 그저 그런 작은 성공에 머무를 뿐이었다.

그래서 워크맨에서는 완전히 다른 접근법을 시도했다. 과거의 실패, 값비싼 교훈을 바탕으로 몇 가지 핵심 원칙을 세웠다. 이는 당신이 어떤 일을 시작하든 반드시 기억해야 할 성공의 본질이다.

★ 목표는 과도하게 잡지 않는다.
★ 시작은 소규모로 한다.
★ 큰돈은 함부로 쓰지 않는다.
★ 엄격한 마감 기한은 두지 않는다.

훗날 '워크맨 플러스'가 될 새로운 브랜드의 밑그림을 그릴 때, 나는 이 원칙들을 철저히 지켰다. "과연 저렇게 해서 뭐가 될까?" 하는 의구심 어린 시선도 물론 있었다. 하지만 나는 3년간 거의 혼자 힘으로 그 구조를 구상하고 다듬었다. 투입된 시간은 기껏해야 한 달에 0.2인분 정도였고, 나를 도운 영업 직원의 시간은 월 0.1인분에 불과했다. 우리가 사용한 경비는 기초 조사비 50만 엔이 전부였다.

왜 이렇게 했을까? 단기간에 성과를 내려고 서두르면 결국 '기획안을 위한 기획안'을 만들게 되고 현실과 동떨어진 주먹구구식 사업으로 흘러가기 쉽다는 것을 경험으로 알았기 때문이다. 아이디어가 충분히 숙성될 시간을 주지 않으면 문제의 본질과 핵심 가치를 놓치게 된다. 당신이 반복해서 실패하는 이유도 여기에 있을 가능성이 높다.

워크맨 플러스의 핵심 아이디어는 놀랍도록 단순하면서도 대담했다.

"제품을 바꾸지 말고, 타깃 고객을 바꿔보자!"

이것이 전부였다. 우리가 이미 보유한 '저가격×고기능'이라는 압도적인 무기를 기존 작업복 시장이 아닌, 일반 소비자에게 선보이는 전략이었다.

가장 놀라운 점은 이것이다. 워크맨 플러스를 위해 새로운 아웃도어 제품을 단 하나도 개발하지 않았다. 그저 기존 1,700개 제품 중에서 색상이 화려하거나 디자인이 뛰어나 일상복으로 활용 가능한 기능성 의류 320개를 선별했다. 그리고 이 제품들을 방수복, 스포츠웨어, 아웃도어 스타일 의류로 분류해 '워크맨 플러스'라는 새로운 매장의 전용 상품군으로 구성했다. 그것으로 충분했다.

이것이 바로 '하지 않음'으로써 더 큰 성과를 내는 전략의 힘이다. 불필요한 힘을 빼고, 본질에 집중하며, 이미 가진 무기를 가장 효과적으로 활용하는 것, 당신도 이 원리를 이해하고 적용해야 한다.

포장지만 바꿔도 판이 뒤집힌다

리서치 업체들은 비관적이었다.

"안 될 겁니다."

그들은 입을 모아 말했다. 하지만 나는 흔들리지 않았다. 숫자나 보고서 너머의 본질이 보였기 때문이다. 전략의 핵심은 명확했고, 사람들이 이 가치를 알아보는 데 시간이 걸릴 뿐이라고 확신했다.

2018년 9월 5일, 워크맨 플러스 1호점이 문을 열었다. 솔직히 나는 장기전을 각오했다.

"3년은 적자를 감수하자. 10년은 브랜드 이름을 알리는 데 쏟아붓자."

이것이 내 현실적인 계산이었다.

오픈 전날, 직원들과 매장을 점검한 후 같은 건물에 있는 유니클로와 GU 매장을 둘러봤다. 현실의 격차를 직시하고 마음을 다잡기 위해서였다. 그런데 뜻밖의 광경을 목격했다. 멋지게 코디된 워크맨 플러스 제품을 입은 마네킹이, 놀랍게도 유니클로나 GU보다 더 화려하고 세련돼 보였다. 그때 처음 '어쩌면 생각보다 훨씬 빨리 승부가 날 수도 있겠다'는 직감이 스쳤다.

하지만 진짜 게임 체인저는 제품 그 자체가 아니었다. 판을 바꾼 결정적인 한 수는 '보여주는 방식'에 있었다.

기존 워크맨 매장을 떠올려보자. 약 100평 공간에 1,700개 품목을 취급했다. 솔직히 말해 물건을 쌓아놓은 창고에 가까웠다. 그곳의 유일한 언어는 '기능'과 '가격'이었다. 마네킹도, 전신 거울두 거의 없었고, 피팅룸은 비좁고 불편했다. 작업 현장의 고객은 디자인보다 실용성을 훨씬 중요하게 여긴다고 판단했기 때문이다.

하지만 우리가 새롭게 만나고자 한 일반 고객은 달랐다. 그들은 디자인, 착용감, 전체적인 스타일을 중요하게 여긴다. 인간은 본능적으로 보이는 것에 끌린다. 이 점에 모든 것을 걸기로 했다.

"같은 옷도 어떻게 보여주느냐에 따라 완전히 다른 옷이 된다."

우리는 스타일리시하게 보이는 작업복(사실은 기존 제품과 동일)을 마네킹에 근사하게 코디하여 전면에 내세웠다. 매장 곳곳에 전신 거울을 배치해 고객이 자신의 모습을 편하게 확인할 수 있도록 했다. 답답했던 피팅룸은 고객이 '대접받는다'고 느낄 만큼 넓고 쾌적하게 탈바꿈했다.

당신이 아무리 좋은 제품이나 서비스를 가지고 있어도, 그것을 어떻게 포장하고 보여주느냐에 따라 결과는 180도 달라진다. 사람들은 제품의 본질만큼, 아니 그 이상으로 인식과 경험을 중시한다. 당신의 '포장'은 지금 어떤 모습인가?

워크맨 플러스 1호점의 모습

진짜 승부는 제품력에서 갈린다

워크맨 플러스 1호점의 성공은 시작에 불과했다. 전문가들의 비관적인 예상을 완전히 박살 내며 매장 앞에는 매일 긴 줄이 늘어섰고, 첫해 매출 목표는 3개월 만에 가뿐히 넘어섰다. 왜 성공했을까? 간단하다. 시장의 숨겨진 빈틈을 정확히 찾아내 가장 효과적인 방식으로 공략했기 때문이다. 운이 아니라 치밀한 계산과 실행의 결과였다.

워크맨 플러스의 성공은 여기서 그치지 않았다. 성공 자체가 강력한 바이럴 효과를 일으키며, 사람들은 기존 워크맨 매장으로도 미친 듯이 몰려들었다. '플러스 매장도 좋은데, 원래 매장에는 또 어떤 보물이 숨겨져 있을까?'라는 기대 심리가 작동한 것이다. 그 결과, 2019년 8월 기존 매장 매출은 전년 대비 154.7퍼센트나 증가하는 기염을 토했다. 새로운 고객이 워크맨의 진짜 가치를 발견하기 시작했다.

시장의 반응은 주가로 증명되었다. 2019년 12월, 워크맨의 시가총액은 한때 8,600억 엔을 돌파하며 일본 외식 업계의 절대 강자인 맥도날드를 추월했다. 믿기 힘든 일이었다. 조용히 뿌린 씨앗이 예상을 훨씬 뛰어넘는 거대한 부의 나무로 자라난 순간이었다.

워크맨 플러스의 성공은 '보여주는 방식'의 변화와 '고객 전환'

전략이 완벽히 맞아떨어졌음을 증명했다. 하지만 여기서 만족하고 멈춘다면? 그건 삼류 기업이나 하는 짓이다. 진짜 승자는 성공에 안주하지 않는다. 우리가 설정한 성공 방정식, '운영력×제품력'을 완성하려면 다음 단계로 나아가야 했다. 바로 제품력 자체를 압도적인 수준으로 끌어올리는 것이었다. 기존 제품을 재포장하는 것만으로는 부족했다. 새로운 시장의 고객이 광고 없이도 스스로 찾아와 구매할 수밖에 없는 강력한 제품을 만들어야 했다.

우리의 다음 목표는 명확했다. PB 제품 개발에 모든 역량을 집중하는 것. 이를 위해 제품 개발 부서 인원을 5년간 세 배로 늘리고, 외부의 실력 있는 디자이너들을 적극 영입했다. 하지만 더 중요한 것은 내부의 낡은 장벽을 부수는 일이었다.

과거 워크맨에는 PB 작업복 개발을 사실상 금지하는 사내 규정이 있었다. '작업복은 10년간 안정적으로 공급해야 하고, 재고가 남으면 골치 아프다'는 막연한 두려움 탓이었다. 재고에 대한 과도한 경계심이 SPA와 같은 효율적인 시스템 도입을 가로막는 가장 큰 걸림돌이었다.

이때 (PART 4에서 자세히 다룰) '데이터 기반 의사결정', 즉 엑셀 경영이 결정적인 역할을 했다. 우리는 더 이상 감이나 경험에 의존하지 않았다. 철저한 데이터 분석으로 수요 예측 정확도를 높이고 재고 리스크를 객관적으로 평가했다. 데이터는 놀라운 사실을 드러냈다. 작업복은 유행을 거의 타지 않아 재고 리스크가 생각보다 훨씬 낮았고, 10년 동안 정가 판매도 충분히 가능했다. 이 명백한 데이터를 근거로 수십 년간 우리를 옭아매던 낡은 규정을 과감히 철폐했다. 마침내 PB 작업복 개발의 족쇄가 풀렸다.

그러자 개발자들의 창의성이 폭발했다. 경영진이 간섭하지 않자, 이전에는 상상도 못 했던 도전적인 디자인과 PB 시즌 상품들이 쏟아져 나왔다. 내구성, 방한, 방풍, 통기성, 신축성, 방수, 항균 등 현장의 목소리를 적극 반영하며 기능, 디자인, 품질 모든 면에서 제품은 비약적으로 발전했다. 워크맨 플러스의 성공으로 확보한 새로운 고객의 니즈와 워크맨 본연의 강점인 '고기능'이 결합되자 강력한 시너지가 발생했다. 이로써 '저렴하면서도 품질은 압도적으로 좋은' 우리만의 진짜 무기를 갖추게 되었다.

결국 워크맨은 '하지 않음'의 지혜를 지키면서도, 철저한 자기 분석과 시장 탐색, 과감한 관점 전환, 그리고 신중하지만 확신에 찬 실행으로 아무도 보지 못한 거대한 기회를 발견하고 완전히 새로운 성공의 역사를 써 내려가기 시작했다. 당신의 비즈니스도 마찬가지다. 성공에 안주하지 않고, 데이터를 바탕으로 두려움을 극복하며, 핵심 역량을 끊임없이 강화하는 것이 바로 지속적인 성장의 본질이다.

06

'비정상 값'에 돈이 숨어 있다

비아그라와 포스트잇의 공통점은 뭘까? 원래 의도와는 전혀 다른 쓰임새로 대박이 터졌다는 점이다. 실패한 심장병 치료제가 남성의 오랜 고민을 해결했고, 실패한 강력 접착제가 사무실 풍경을 바꿨다. 그저 운이 좋았던 걸까? 나는 단언한다. 절대 아니다. 이는 우리가 놓치기 쉬운 성공의 시그널, 즉 '비정상적인 고객 행동' 속에 숨어 있는 기회다.

만약 당신의 제품이 예상치 못한 고객에게 팔리거나, 기획한 의도와는 전혀 다르게 사용되고 있다면 축하할 일이다. 당신은 새로운 기회의 문 앞에 서 있다. 대부분의 사람들은 이를 '오류'나 '골칫거리'로 치부하며 무시해버린다. 하지만 진짜 사업가는 여기서 돈 냄새를 맡는다. 특히 회사의 성장세가 둔화되고 돌파구가 절실할 때, 이 '이상 신호'는 가장 주목해야 할 보물 지도다. 워크맨이 새로운 시장과 가능성을 발견한 것도 고객의 '이상한 행동'을 놓치지 않았기 때문에 가능했다.

고객의 '이상한 행동'이 기회다

워크맨은 어떻게 '이상 신호'를 읽어냈을까? 실제 사례를 보자.

★ 사례 1. 방수 방한복 → 바이커의 '인생템'

내가 특히 주목했던 건 '방수 방한복'이었다. 원래 야외 작업자를 위해 만든 옷인데, 2016년부터 판매량이 폭발적으로 늘었다. 일부 매장에서는 없어서 못 팔 지경이라는 보고까지 올라왔다. "도대체 누가 이걸 이렇게 사 가는 거지?" 궁금해서 현장에 나가 보니, 예상치 못한 고객이 눈에 띄었다. 바로 바이크 라이더였다.

알고 보니 이 옷은 바이커에게 '인생템'이었다. 뛰어난 방수와 방한 기능은 기본이고, 땀 배출도 잘돼서 장시간의 라이딩에도 쾌적했다. 가볍고 움직임이 편한 건 덤이었다. 심지어 야간 작업자 안전을 위해 눈에 띄게 만든 디자인은 바이커에게는 안전성을 높여주는 최고의 장점이었다.

결정타는 가격이었다. 상하의 세트가 단돈 6,800엔. 일반 바이크 전용 의류가 수만 엔을 훌쩍 넘는 것과 비교하면 말도 안 되는 가성비였다. 이게 입소문을 타면서 순식간에 겨울철 필수템으로 떠올랐다. 우리는 전혀 의도하지 않았지만, 시장이 스스로 길을 찾아 답을 알려주었다.

★ 사례 2. 주방 신발 → 임산부 '필수템'

'파인그립 슈즈'(1,900엔)는 원래 주방에서 일하는 사람들을 위해 만든 미끄럼 방지 신발이었다. 그런데 어느 날, 한 블로그에 '절대 미끄러지지 않아 임산부가 신으면 안전하다'는 후기가 올라왔다. 그 후부터 판매 그래프가 수직으로 상승했다. 판매 흐름이 확 바뀌었다. 이 글 하나가 임산부 커뮤니티를 강타하며 순식간에 '출산 준비 필수품'으로 등극한 것이다. 나중에는 일반 여성 고객까지 편하다며 즐겨 찾았다. 의도치 않게 새로운 시장의 문이 활짝 열렸다.

★ 사례 3. 고급 양말 → 등산객의 '가성비 끝판왕'

메리노 울 양말(580엔)은 "너무 비싼 거 아니야?"라는 내부 우려가 있었다. 하지만 등산 애호가들 사이에서 "이 가격에 이 품질 실화냐?"며 '가성비 대체품'으로 불티나게 팔렸다. 고객은 가격표 너머의 진짜 '가치'를 정확히 꿰뚫어 보고 있었다.

★ 사례 4. 작업용 앞치마 → 가드너와 주부의 '최애템'

꽃집이나 화원 작업자를 위해 만든 '내구성 발수 립스탑 앞치마'(1,500엔)는 물이나 흙이 튀어도 괜찮고, 질겨서 오래 쓰는 게 특징이었다. 이게 텃밭이나 베란다 가드닝을 즐기는 사람들 사이에서 인기가 높아졌다. 또 식당용으로 만든 '불에 강한 오염 방지 앞치마'(1,304엔)는 불에 강하고 얼룩이 잘 지워진다는 장점 때문에 살림하는 주부들 사이에서 '최애템'으로 떠올랐다. 전혀 다른 목적으로 만든 제품이 새로운 고객과 쓰임새를 만난 전형적인 예다.

★ 사례 5. 작업화 → 요양 종사자의 '데일리 슈즈'

'더블 쿠션 캔버스 슈즈'(980엔)는 바닥 쿠션이 두툼해서 발이 정말 편한 신발이었다. 처음에는 서서 일하는 시간이 많은 요양 시설 종사자들 사이에서 입소문이 났다. 그러다 "구름 위를 걷는 것 같다"는 평을 받으며 도시 젊은이들에게도 일상화로 인기를 끌기 시작했다.

이 모든 사례의 핵심은 단 하나다. 우리가 의도했던 고객이 아니라, 예상치 못한 곳에서 새로운 수요가 스스로 고개를 내밀었다는 점이다. 고객의 이상한 행동은 문제가 아니라, 새로운 기회가 시작되고 있다는 강력한 신호다. 당신은 지금 이 신호를 제대로 읽고 있는가?

매출 3배 성장의 비밀

나는 문득 앞에 놓인 워크맨의 제품들을 다시 바라보았다. 그리고 스스로에게 날카로운 질문을 던졌다.

"우리는 지금까지 고객에게 정말 '작업복'만 팔았던 걸까? 혹시 '작업복'이라는, 우리 스스로 만든 한계 안에 갇혀 있었던 것은 아닐까?"

낡은 안경을 벗어던지는 순간, 완전히 새로운 단어가 섬광처럼 머릿속을 관통했다.

'고기능성 라이프웨어'.

고객은 단순히 직업 때문에 우리 옷을 선택하는 것이 아니었다. 그들은 방수, 방한, 내구성, 편안함 같은 압도적인 기능 그 자체를 원했다. 가격 대비 월등한 가치를 본 것이다. 우리가 작업자로만 한정했던 고객은 어느새 아웃도어 애호가, 스포츠 마니아, 바이크 라이더, 심지어 임산부까지 훨씬 다채로운 라이프스타일을 가진 소비자들로 넓어졌다. 우리가 그들을 발견한 게 아니었다. 고객이 먼저 우리를 발견하고, 우리 제품의 진짜 가치를 온몸으로 증명해주고 있었던 것이다.

오토바이 동호인은 워크맨의 방수 재킷을 가성비 좋은 라이딩 기어로 활용하고 있었고, 캠핑족은 워크맨의 튼튼한 신발과 방한복 없이는 캠핑을 떠나지 않았다. 낚시꾼, 등산객은 물론 텃밭을 가꾸는 주부까지, 작업 현장과 전혀 관련 없는 이들이 워크맨 제품의 뛰어난 기능성과 말도 안 되는 가성비에 주목하여 스스로의 필요에 맞게 완벽하게 활용하고 있었다.

이 깨달음은 워크맨의 제품 개발 방식에 근본적인 변화를 가져왔다. 우리는 더 이상 회의실에 앉아 우리끼리 머리를 맞대고 "고객은 이걸 원할 거야"라고 상상하는 헛수고를 멈췄다. 대신, 진짜 고객의 목소리, 실제 행동에 귀 기울이기 시작했다. 인플루언서들을 신제품 발표회에 초청해 기획 단계부터 피드백을 구했다. SNS와 블로그에 올라오는 날것 그대로의 솔직한 리뷰가 우리의 새로운 방향이자 가장 정확한 나침반이 되었다.

"이 옷, 등산 갈 때 입으니 명품 브랜드가 부럽지 않아요."

"바이크 투어링? 어디 가서 이 가격에 이만한 방수 방한복 절대 못 찾습니다."

"임신했는데, 이 신발 신으니 너무 편하고 안심돼요."

고객의 생생한 한마디 한마디가 워크맨 제품의 본질을 다시 쓰게 만들었다. 우리도 미처 몰랐던 우리 제품의 진짜 잠재력을 고객이 몸소 가르쳐주었다. 이 귀중한 배움을 그냥 흘려보낼 수는 없었다.

우리는 고객이 인지하는 '진짜 용도'에 맞춰 기존 PB 제품군을 재정의하고 브랜드화하는 작업에 착수했다. 더 이상 '작업복'이라는 낡은 이름표에 얽매이지 않았다. 고객의 목소리를 반영해 새로운 정체성을 구축한 결과, 2016년 워크맨의 미래를 새롭게 정의할 세 개의 강력한 브랜드가 탄생했다. 이는 단순한 이름 바꾸기가 아니라, 고객의 행동과 니즈를 기반으로 한 전략적 재구성이었다.

* **필드코어**(FieldCore): 기능은 고급 아웃도어웨어 못지않은데 가격은 3분의 1 수준이다. 특별한 날은 물론 일상에서도 부담 없이 손이 가는 옷이다.
* **파인드아웃**(Find-Out): 가벼운 스포츠 활동에 최적화된 기능성 웨어로 조깅, 산책, 트레이닝까지 폭넓게 활용할 수 있다. 움직임의 자유와 쾌적함을 동시에 잡았다. 대표 제품인 '크로스 쉴드 블루종'은 몸통 부분은 따뜻한 솜털 소재를, 팔 부분은 니트 소재를 사용해 보온성과 신축성을 절묘하게 조화시킨 겨울철 운동복이다.
* **이지스**(Aegis): 비와 눈을 완벽히 차단하는 방수 기능에, 추위까지 막아주는 방한 성능을 더한 레인웨어 전문 브랜드다. 겨울 스포츠부터 해양 레저까지, 심지어 극한의 자연 환경 속에서도 사용자를 빈틈없이 보호한다.

성장의 열쇠는 밖에 있었다. 당신의 고객은 이미 당신이 나아가야 할 길을 알고 있을 가능성이 높다. 그러므로 그들의 목소리에

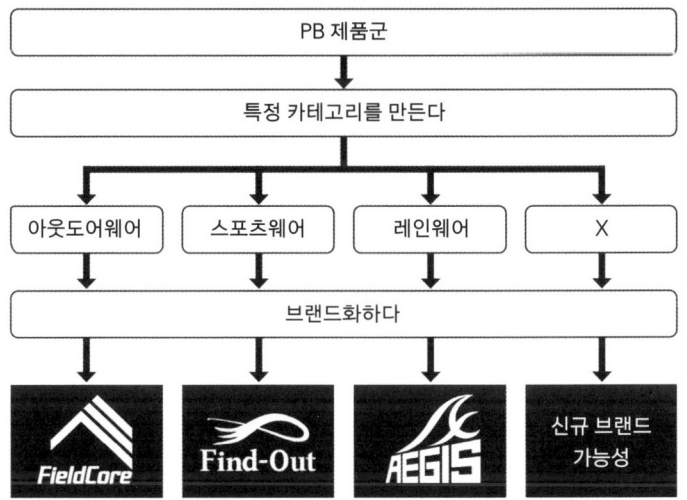

귀 기울이고, 그들의 행동에서 힌트를 얻어라. 당신 안의 고정관념을 깨는 순간, 상상 이상의 새로운 길이 열릴 것이다.

'이상함'에서 '당연함'으로

제품은 좋아졌고 새로운 브랜드도 만들었다. 하지만 여전히 뭔가 부족했다. 매출은 크게 오르지 않았고 일반 고객은 여전히 워크맨 매장 문턱을 넘기 어려워했다. 문제는 우리 내부의 '인식'에 있었다. 우리는 고객의 이상한 행동을 별난 선택쯤으로 치부하며 "작업복인데 저런 사람들이 왜 사지?"라고 반문했던 것이다. 무의식적으로 '작업복'이라는 틀에 갇혀 새로운 고객에게 다가갈 기회를 놓치고 있었다.

그래서 결심했다. 우리 안의 인식부터 바꿔야 한다고. 워크맨 제품을 일반 고객이 사는 것은 더 이상 '이상한' 일이 아니라, 오히려 '당연한' 일이라고 선언해야 한다고 말이다. 뛰어난 기능과 합리적인 가격을 원하는 모든 사람에게 워크맨은 훌륭한 선택지다. 이 새로운 출발선을 세우자, 모든 것이 달라 보이기 시작했다.

가장 먼저 제품을 보여주는 방식, 즉 무대부터 완전히 바뀌어야 했다. 투박한 창고형 매장으로는 새로운 고객의 마음을 사로잡을 수 없었다. 그래서 우리는 완전히 새로운 콘셉트의 매장, '워크맨 플러스'를 기획했다.

이곳은 기존 매장과 전혀 달랐다. 세련된 아웃도어 전문점처럼 매장을 꾸몄다. 마네킹에 다양한 스타일을 입혀 보여주었고 밝은 조명과 감각적인 디스플레이로 제품의 매력을 끌어올렸다. 워크맨을 모르는 사람이 매장에 들어오면 원래 작업복 브랜드라는 사실을 전혀 눈치채지 못할 정도였다.

물론 유동 인구가 많은 대형 쇼핑몰에 매장을 내는 데는 적지 않은 비용이 들었다. 하지만 우리는 이를 단순한 임대료가 아닌 새로운 고객에게 우리를 알리는 광고비로 보고 과감히 투자했다. 이후 워크맨 플러스는 주요 대형 쇼핑몰에 속속 입점했다.

★ 라라포트 후지미
★ 라라포트 고시엔
★ 라라포트 쇼난 히라츠카
★ 트레사 요코하마
★ 라라포트 누마즈
★ 테라스몰 마쓰도
★ 라라포트 이즈미
★ 스나모 도쿄
★ 라라가든 카와구치
★ 라라포트 아이치 토고

고객 구성도 눈에 띄게 변화했다. 기존 로드 매장의 여성 고객 비율은 20~30퍼센트였지만 쇼핑몰 매장에서는 50퍼센트에 달했다. 기존 고객층이 중장년 남성 위주였다면 쇼핑몰 매장에서는 주말이면 40세 이하 젊은 고객이 40퍼센트 이상을 차지했다.
이제 워크맨은 더 이상 '작업복 전문점'이 아니었다. '공사장이

워크맨 플러스 1호점인 라라포트 다치카와 타치히 지점

나 현장에서 일하는 아저씨들의 브랜드'라는 이미지를 벗어던지고, '기능은 뛰어나고 가격은 합리적인 라이프웨어'라는 새로운 정체성으로 의류 시장에서 당당히 자리 잡았다. 그 시작은 우리 안의 '이상함'을 '당연함'으로 바꾸는 작은 관점의 전환이었다.

07

진정한 협력자를 만들다:
돈보다 마음을 얻는 법

"이 정도면 분명 사람들에게 필요할 거야."
"이건 무조건 통할 거야."

이런 외침들은 간절한 바람일지 모르지만, 대부분 현실의 벽 앞에서 공허한 메아리로 끝난다. 더 최악은 뭔지 아는가? 근거 없는 확신과 오만에서 비롯된 오판이 당신의 시간과 돈, 심지어 인생까지 돌이킬 수 없는 손실로 내몬다는 사실이다.

워크맨에서 만난 '이상값', 우리가 전혀 예상치 못한 방식으로 제품을 사 가던 이상한 고객을 마주하며, 나는 경영의 가장 오래되고 변치 않는 원칙을 깨달았다. 바로 '고객 관점'이다. 너무 당연해서 놓치기 쉬운, 하지만 성공과 실패를 가르는 유일한 기준이다. 회사가 존재하는 이유는 제품이나 서비스에 기꺼이 지갑을 여는 그 사람들이다. 그들이 있기에 사업이 존재한다. 그들이 당신의 진짜 사장이다. 그런데 당신은 그들에 대해 얼마나 알고 있는가?

그들은 누구인가? 무엇을 원하고 필요로 하는가? 그들 마음속 깊은 곳 아직 채워지지 않은 갈증은 무엇일까? 이 질문들에 명쾌한 답을 내놓지 못한다면, 아무리 화려한 전략을 세워도 모래 위에 지은 성과 다름없다. 파도 한번에 무너질 운명인 것이다.

왜 우리는 이 본질적인 질문에 쉽게 답하지 못할까? 장애물은 시장이나 경쟁자가 아니라, 바로 당신의 머릿속에 있다. 당신을 가로막는 가장 큰 적은 바로 자신이다. '하고 싶은 일'을 옳다고 믿는 욕망과 신념이 우리를 '내부 중심 사고'라는 견고하고도 안락한 감옥 안에 가둔다.

고객을 안다고 착각하는 당신에게

자, 드디어 '내부 중심 사고'라는 안락한 감옥에서 탈출하기로 했다. 이제 남은 질문은 하나다.

"어떻게 진짜 '소비자의 시각'을 얻을 수 있는가?"

가장 먼저 떠오르는 답은 소비자가 되어보는 것일지 모른다. 하지만 이는 하나 마나 한 소리다. 특히 워크맨처럼 틈새시장을 파고들 때는 더욱 그렇다. 물론 소비자의 삶 속, 그들이 우리 제품을 만나는 순간으로 깊이 들어가야 한다는 말은 맞다.

하지만 당신은 절대 '진짜 그들'이 될 수 없다. 책상 앞에서 아무리 머리를 쥐어짜도, 소비자가 느끼는 미묘한 불편함, 간절히 원하는 개선점, 기꺼이 지갑을 열 만한 가격을 온전히 상상해내는 것은 불가능하다. 당신의 상상은 99퍼센트 고객의 현실과 무관하다. 진짜 답은 하나다. 현장으로 나가서 경험을 가진 사람들에게 직접 물어보라. 더 이상 추측하고 상상하는 삽질은 그만둬라.

"이 제품을 구매하신 특별한 이유는 무엇인가요?"

"실제로 사용하시면서 가장 아쉬웠거나 불편했던 점은 무엇이었나요?"

"저희 제품을 다시 선택하게 한 가장 큰 매력은 무엇이었나요?"

이런 질문은 단순한 의견을 넘어 제품 개발의 방향을 뒤바꾸는 강력한 통찰을 준다.

그 무렵, 하늘이 감사하게도 우리를 도왔다. 블로그나 유튜브에서 워크맨 제품의 독특한 사용법을 '발견'하고 열정적으로 알리는 이들이 나타났다. 그들은 사무실에 갇힌 우리가 절대 보지 못했을 우리 제품의 새로운 가능성을 이미 꿰뚫어 보고 자발적으로 전파했다.

우리는 즉시 이 진짜 전문가들을 신제품 발표회에 초청해 의견을 들었다. 때로는 날카로운 비판도 쏟아졌지만 그 쓰디쓴 목소리를 제품에 반영하려 애썼다. "이건 정말 내가 참여해서 만든 제품 같다"라는 기쁨 섞인 반응을 들었을 때, 우리는 비로소 고객과 진정으로 소통하기 시작했음을 직감했다.

한 걸음 더 나아가 우리는 그들에게 제품 개발 앰배서더가 되어달라고 정식으로 부탁했다. 여기서 워크맨다운, 어쩌면 이상하게 보일 수 있는 원칙이 적용되었다. 금전적인 대가는 전혀 지급하지 않았다. 대신 감사의 표시로 워크맨 매장에 그들의 활동(블로그, 유튜브 채널 등)을 알리는 포스터를 붙였다. 결과는 놀라웠다. 앰배서더의 블로그와 유튜브 방문자 수가 폭발적으로 증가했고, 워크맨 제품 판매도 덩달아 급증했다. 돈이 오가지 않았는데도 서로에게 실질적인 이익을 가져다주는, 진정한 의미의 윈윈(Win-Win) 파트너십이 만들어졌다.

돈 안 받고 일하는 최강 마케터들

앰배서더와의 협력은 단순한 의견 수렴을 넘어섰다. 자전거, 마라톤, 등산, 캠핑 등 특정 분야의 전문가들을 제품 개발 회의의 핵심 멤버로 초대했다. 그중에서도 '사냥하는 여자' 노조미 씨와의 만남은 특히 기억에 남는다.

어느 날, 흑백 위장무늬 작업복만 고집하는 여성 사냥꾼이 있다는 흥미로운 소식을 들었다. 호기심이 발동했다. 나는 즉시 홍보 담당자에게 말했다.

"지금 당장 이바라키현으로 갑시다. 직접 만나봐야겠어요."

그녀는 도쿄에서 영업직으로 일하다가 요가 강사를 거쳐 할머니 밭을 망치는 멧돼지 때문에 사냥꾼이 된, 매력적인 스토리를 가진 사람이었다. 사냥 경력은 길지 않았지만 오히려 그 점이 신선하게 다가왔다. 우리는 그녀에게 앰배서더로서 제품 개발에 함께해달라고 정중히 요청했다. 금전적인 대가는 없지만 당신의 경험과 지혜가 우리에게는 무엇보다 소중하다며 설득했다. 그녀는 우리의 진심을 알아주었고 흔쾌히 워크맨 팀의 일원이 되어주었다.

그녀와의 협업으로 개발한 여성용 방한 아우터는 특별했다. 사냥할 때 수많은 짐을 휴대해야 한다는 그녀의 조언에 따라 등 쪽에 커다란 주머니를 추가했다. 이 기능이 캠핑할 때도 의외로 유용하다는 평가를 받았다. 노조미 씨는 이 과정을 자신의 유튜브 채널에 공유했고 워크맨 제품을 다룰 때마다 조회 수가 세 배나 치솟았다. 채널 구독자가 늘면서 그녀의 인지도는 높아졌고 워크맨 제품은 더 많은 사람에게 알려졌다. 돈 한 푼 오가지 않았지만 서로에게 더 큰 가치를 만들어주는 완벽한 원원 관계였다. 이것이 바로 우리가 꿈꿨던 그림이었다. 진심은 결국 통한다. 돈으로 살

'사냥하는 여자' 노조미 씨와의 공동 개발

앰배서더 마케팅에 따른 이벤트 영상 재생 수 변화

앰배서더 마케팅

제품 개발 참여

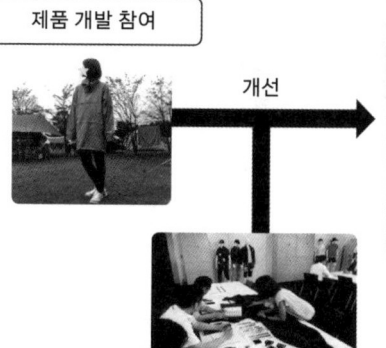

개선

제품 개발 회의

앰배서더의 이벤트 영상 재생 수
(원원 관계)

순위	분야	자사 게시물 재생 수 (게시 후 10일)	일반 게시물 재생 수 (게시 후 10일)	증가율 (회사 기여도)
1	아웃도어	3.0 만 회	1.4 만 회	214%
2	드라이브	4.8 만 회	0.8 만 회	600%
3	캠핑	2.1 만 회	0.6 만 회	350%
4	낚시	5.6 만 회	2.0 만 회	280%
5	바이크	100 만 회*	10 만 회*	1,000%

수 없는 열정과 신뢰야말로 워크맨을 움직이는 강력한 엔진임을, 나는 앰배서더들과의 만남에서 확인했다.

주인공은 '잘난 회사'가 아니라 '30명의 보통 사람'이다

방송국이나 잡지사에서 취재 요청이 쏟아진다면 당신은 어떻게 하겠는가? 당연히 회사 홍보팀이나 잘나가는 임원을 내세워 '있어 보이게' 포장하려 할 것이다. 나는 회사 대신 우리 앰배서더를 전면에 내세웠다. 번지르르한 홍보 문구보다 날것 그대로의 진솔한 목소리가 사람들의 마음을 더 깊고 강력하게 움직인다고 믿었기 때문이다.

  2020년 6월, 그 믿음이 옳았음을 증명할 기회가 왔다. 일본의 인기 그룹 아라시 멤버 니노미야 카즈나리가 진행하는 유명 버라이어티 쇼 〈니노상〉에 우리의 앰배서더인 노조미 씨가 출연하게 된 것이다. 나는 방송을 지켜보며 그녀가 너무 긴장하거나 전문가처럼 보이려 애쓰지는 않을까 걱정했다.

  하지만 화면 속 그녀는 달랐다. 스스로를 "아직은 서툰 초보 사냥꾼"이라고 솔직하게 소개했고, 멧돼지 피를 닦는 장면에서는 잠시 망설이는 인간적인 모습까지 보여주었다. 전문가의 능숙한 모습과는 거리가 있었지만 꾸밈없는 모습이 시청자에게 친근감과 신뢰를 주었다.

우리 앰배서더들은 주변에서 흔히 만나는 평범한 이웃 같은 사람들이다. 그리고 이 평범함이야말로 가장 강력한 무기다. 평범한 사람들이 TV에 출현해 자신의 경험을 진솔하게 이야기할 때, 시청자는 마음의 벽을 허물고 이야기에 자연스럽게 빠져든다. 그러다 보면 '나도 저 사람처럼 아웃도어 활동을 즐길 수 있겠다'며 긍정적으로 생각하게 된다.

현재 30명 정도의 든든한 앰배서더들이 워크맨과 함께하고 있다. 이들이 더 많은 사람에게 자신의 이야기를 들려줄 기회를 갖기를 바라는 마음에서 우리는 앰배서더들을 주인공으로 한 TV 광고를 제작했다. TV라는 매체의 파급력은 여전히 막강하다. 이 광고를 통해 앰배서더들의 인지도와 영향력이 커지면 이는 자연스럽게 워크맨 제품에 대한 관심으로 이어질 것이다. 서로에게 힘이 되는 선순환 구조를 만드는 것이 우리의 목표다.

앰배서더가 언론에 노출되는 것 자체가 돈으로 환산할 수 없는 효과적인 홍보다. 2020년 10월에 열린 '워크맨 혹독한 패션쇼'[6]에

---

6   워크맨 제품이 극한 환경에서도 뛰어난 성능을 발휘한다는 것을 보여주기 위해 기획된 극한 상황 테스트형 패션쇼. 비, 눈, 바람, 물, 진흙과 같은 가혹한 자연 조건을 무대 위에 재현했다.

서도 우리는 전문 모델 대신 신제품을 협업하여 만든 앰배서더를 전면에 내세웠다. 무대 위에서 빛난 것은 옷뿐만 아니라 그 옷에 담긴 앰배서더들의 이야기와 열정이었다.

여기서 멈추지 않았다. 우리는 매장에서 제품을 설명하는 방식을 완전히 바꿨다. 복잡한 기능 설명은 우리가 직접 하는 것보다 제품을 가장 잘 아는 앰배서더에게 맡기는 것이 더 효과적이라고 판단했다. 그래서 제품 옆에 해당 제품 개발에 참여했거나 정말 열심히 애용하는 앰배서더의 얼굴과 리얼 스토리가 담긴 POP 광고판을 설치했다. 그리고 QR 코드를 추가해 고객이 원하면 언제든 앰배서더의 블로그나 유튜브 채널로 이동해서 생생한 사용 후기와 정보를 얻을 수 있도록 했다.

왜 이런 방식을 선택했을까? 이는 워크맨의 핵심 철학인 '하지 않는 경영'과 맞닿아 있다. 매장의 본질은 고객이 원하는 제품을 쉽고 빠르게 구매할 수 있게 돕는 것이다. 따라서 효율적인 계산과 깔끔한 진열은 필수다. 그 외의 부가적인 업무, 예를 들어 직원이 모든 제품의 세세한 기능까지 설명하려 애쓰는 것은 오히려 비효율을 낳는다. 제품에 대한 깊이 있는 이야기는 제품을 만들고 사용하는 앰배서더가 가장 잘 전달할 수 있다. 우리는 각자가 가장 잘하는 일에 집중하기로 한 것이다.

마케팅 전략의 기본 설계

블루오션 전략의 전체 그림

제품 전략 60%

압도적인 제품만 만든다

* 온라인에서도 절대 가격 경쟁에서 지지 않는다 — 가격표를 보지 않고도 살 수 있다

* 경쟁사가 수년간 따라올 수 없는 히트 제품을 2년 차부터 본격적으로 생산한다

앰배서더 마케팅 전략 30%

온라인 입소문만으로 품절되는 구조

* 워크맨 제품의 '열성 팬'인 앰배서더를 내부 구성원으로 만든다

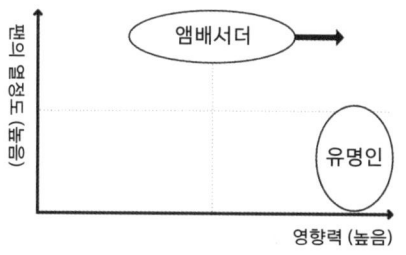

공간 전략 10%

다양한 사용자가 자신을 위한 공간처럼 느끼게 하는 장치

제품, 공간, 그리고 사람

돌이켜보면 우리가 새로운 바다를 찾아 나선 여정은 바로 이런 이야기들의 연속이었다. 처음에는 좋은 제품(60퍼센트)만 있으면 다 될 줄 알았다. 하지만 현실은 달랐다. 좋은 제품만으로는 부족하다는 것을 깨닫고, 그 제품을 돋보이게 할 매력적인 공간(워크맨 플러스, 30퍼센트)의 중요성을 알게 되었다. 그리고 마침내 그 공간에서 진짜 살아 숨 쉬는 이야기를 만들어가는 사람(앰배서더, 10퍼센트로 시작해 이제는 30퍼센트 이상)의 압도적인 힘을 발견했다. 우리의 전략은 처음부터 완벽하지 않았다. 현실의 변화에 귀 기울이고, 때로는 넘어지고 깨지면서 끊임없이 진화해왔을 뿐이다. 중요한 것은 정해진 정답을 따르는 게 아니라, 올바른 방향을 향해 계속 길을 찾아 나서는 과정 자체였다.

그렇게 워크맨은 '하지 않음' 속에서 새로운 기회를 발견했다. 하지만 이 발견이 지속적인 성장으로 이어지려면 또 다른 차원의 변화가 필요했다. 바로 조직 내부의 변화, 사람들의 마음을 움직이고 잠재력을 폭발시키는 일이었다.

쉬어 가기

**거대한 아마존에
지지 않는다**

수많은 유통업체에게 아마존은 두려움의 대상이다. 누구나 쉽게 이길 수 없음을 안다. 하지만 나는 생각이 달랐다. 이길 수는 없을지 모르지만 지지 않는 방법은 분명히 있다고 믿었다. 그래서 워크맨은 아마존이 가장 싫어하는 방식으로, '하지 않는 전략'을 실행하기로 했다.

우리가 세운 전략은 세 가지 축으로 이뤄진다.

① 가격으로 아마존에 지지 않기
② 배송비로 아마존에 지지 않기
③ 판촉비로 아마존에 지지 않기

아마존은 강하다. 하지만 우리는 그들과 정면으로 싸우지 않고도 승리할 수 있다. 그들이 쓰지 않는 무기를 들고, 그들이 오르지 않는 무대에서, 그들이 하지 않는 방식으로 살아남는다. 현대의 다윗은 현대의 골리앗을 이렇게 상대하는 것이다.

◆ **가격 경쟁을 하지 않는다**

우리는 가격 경쟁부터 피하기로 했다. 아마존에 맞서는 원칙은 단순하다. 애초에 그들과 같은 링에 오르지 않는 것이다. 같은 방식으로 싸우면 무조건 진다. 예를 들어, 요즘 유행하는 개인 맞춤형 고객 관리, 즉 원투원(One-to-One) 마케팅을 시작하면 겉보기에 '정밀하고 대단한 전략'처럼 보인다. 하지만 실상은 전혀 다르다. 비용만 눈덩이처럼 불어나고 실질적인 이익은 거의 없다. 한마디로 밑 빠진 독에 물 붓기와 다름없다.

그 시간에 우리는 우리가 가장 잘하는 것에 집중하는 편이 훨씬 현명하다. 워크맨의 강점은 너무나 명확하다. 뛰어난 기능을 가진 저렴한 자체 브랜드 제품과 전국 885개 매장이라는 다른 누구도 갖지 못한 탄탄한 공급망이다.

PB(Private Brand) 제품을 아마존 제품과 직접 비교하기는 어렵다. 하지만 비슷한 조건으로 비교할 경우 절대 밀리지 않는다. 가격이 같다면 워크맨의 성능이 더 뛰어나고, 성능이 같다면 워크맨의 가격이 훨씬 더 저렴하다.

그리고 아마존이 절대로 흉내 낼 수 없는 우리만의 강력한 무기가 또 하나 있다. 그것은 바로 흔들림 없는 '공급 보장력'이다. 법인에서 작업복을 한번 선택하면, 보통 5년에서 길게는 10년 동안 동일한 모델을 계속 공급받는다. 그 긴 시간 동안 온갖 일이 발생할 수 있다. 원단이 갑자기 단종될 수도 있고, 부자재를 대주던 업체나 공장이 문을 닫을 수도 있다.

이러한 온갖 변수를 10년이라는 긴 시간 동안 꾸준히 관리하고 책임지는 시스템. 이것이야말로 아마존이 절대 따라 할 수 없는 워크맨만의 강점이다. 그래서 우리는 제품에 '10년 공급 보증'이라는 약속의 상징을 붙였다. 이는 결코 입으로만 떠드는 약속이 아니다. 우리는 이를 실제로 실천하고 있다. 예를 들어, 7L 같은 특대 사이즈나 유도, 럭비 선수처럼 체격이 큰 고객을 위한 제품도 예외 없이 만든다. 심지어 그런 체격의 직원이 단 한 명도 입사하지 않아 제품이 폐기될 가능성이 있더라도, 우리는 그 약속을 지킨다.

◆ **배송을 하지 않는다**

두 번째 전략은 배송을 하지 않는 것이다. 현재 워크맨 공식 온라인 스토어는 택배 서비스를 제공하지만, 매장 수령 서비스를 권장하고 있다. 매장 수령 시 배송비는 무료다. 각 매장에 재고를 두고 고객이 매장에서 제품을 직접 수령함으로써 배송 비용이 들지 않는다.

주문 금액이 1만 엔 미만인 택배는 유료지만 이를 선호하는 고객도 있다. 워크맨 공식 온라인 스토어를 이용하는 고객의 30%는 택배를 선택한다. 우리는 이 30%의 고객을 과감히 포기하기로 했다. 이유는 명확하다. 아마존과 같은 방식으로 싸우면 100% 진다. 배송을 하지 않으면 복잡한 물류 시스템, 높은 비용 구조, 그리고 무엇보다 아마존과의 끝없는 '속도 경쟁'이라는 수렁에 빠질 필요가 없다.

택배를 선호하는 고객은 주로 워크맨 매장이 적은 도심 지역에 산다. 이를 해결하기 위해 도심으로의 출점도 계획하고 있다. 다만, 워크맨은 매출 대비 임대료 비율을 3% 이하로 유지하는 것이 목표다. 따라서 긴자, 신주쿠, 하라주쿠, 시부야 등 임대료가 높은 지역으로의 출점은 하지 않는다. 이는 워크맨의 '하지 않는' 원칙 중 하나다.

아마존에는 없고, 오직 워크맨에만 있는 강력한 무기는 '매장'이다. 온라인 주문 고객의 70%가 매장에서 직접 제품을 수령한다. 이 소중한 70%의 고객을 진정한 팬이자 충성 고객으로 만드는 것이 우리 전략의 핵심이다.

고객이 매장에 방문하게 되면 자연스럽게 다른 제품도 둘러보게 된다. 제품의 디자인은 온라인 사진으로 확인할 수 있지만, 기능의 가치는 직접 만져보고 입어봐야 비로소 느낄 수 있다. 예를 들어, 레인웨어(우비)의 부드러운 감촉이나 뛰어난 신축성은 사진 몇 장으로는 도저히 전달되지 않는다. (사실 나는 워크맨 레인웨어를 평상복처럼 즐겨 입는다. 그만큼 착용감이 뛰어나다!)

매장은 단순히 물건을 파는 공간이 아니다. 제품을 직접 체험하는 장이자 단골 고객, 즉 '우리 편'을 만드는 가장 확실한 통로다. 실제 데이터는 우리의 판단이 옳았음을 보여준다. 매장을 한 번이라도 방문한 일반 고객의 60~70 퍼센트가 꾸준히 워크맨을 찾는 충성 고객이 된다. 특히 장인과 같은 전문가 고객의 경우, 그 비율은 90 퍼센트를 훌쩍 넘는다.

이렇게 확보된 충성 고객은 장기적으로 아마존의 그 어떤 최첨단 시스템보다 강력한 자산이 된다. 예를 들어, 30세에 워크맨의 팬이 된 고객이 70세까지 40년 동안 우리 매장을 꾸준히 찾는다고 가정해보자. 한 번 올 때마다 평균 3,000엔을 소비하고, 1년에 3회 방문한다면, 그 고객 한 명이 40년간 우리에게 안겨주는 누적 구매액은 36만 엔에 달한다. 이것이 우리가 30%의 택배 고객을 포기하고 70%의 매장 방문 고객에게 집중하는 이유다.

가까운 미래에 도쿄 도심에도 우리 매장이 충분히 들어서게 되면, 택배 서비스는 전면 중단할 계획이다. 그 시점이 3년 후가 될지, 5년 후가 될지는 아직 정확히 모른다. 하지만 택배 배송을 중단한다는 사실은 확실하다.

◆ 정면 승부를 하지 않는다

세 번째 전략은 판촉비를 쓰지 않는 것이다. 아마존은 이미 압도적인 인지도를 가지고 있다. 그들과 정면으로 맞서 광고비를 투입하고, 브랜드를 알리려 한다면 애초에 불리한 게임이 된다. 그래서 우리는 그 링에 아예 올라가지 않기로 했다.

우리가 선택한 건 정면 승부가 아닌 측면 돌파다. 요란한 판촉 대신 진심을 담은 앰배서더 마케팅이다. 워크맨에는 우리 제품을 진짜로 아끼고 사용하는 앰배서더들이 있다. 그들은 자발적으로 블로그, 유튜브, SNS를 통해 워크맨 제품을 이야기한다. 그걸 더 널리 퍼뜨리는 게 우리의 역할이다. 우리는 그들의 리뷰를 공식 온라인 채널과 매장에서 다시 소개한다.

요즘 소비자들은 뻔한 광고보다 자신과 같은 실제 사용자의 솔직한 평가를 훨씬 더 믿는다. 그렇기에 워크맨의 앰배서더는 아마존에 지지 않는 핵심 전략이다.

ACTION 2

성공이라는 함정에서 벗어나기

핵심 원칙

어제의 성공 공식이 오늘의 당신을 가두는 감옥이 될 수 있다. 끊임없이 의심하고, 변화하고, 새로운 길을 찾아라.

워크맨's 인사이트

- 워크맨은 40년간 '하지 않는 경영'으로 시장을 독점하며 성공했다. 한마디로 광고, 할인, 경쟁을 하지 않았다. 하지만 그 성공에 취해 성장이 멈추는 함정에 빠졌다.
- 정상에 올랐을 때 당신의 발목을 잡는 건 경쟁자가 아니다. 당신을 성공시킨 과거의 영광일 수 있다.
- 세상에 영원한 성공 공식은 없다. 모든 것에는 유통 기한이 있다. 지금 당장 당신의 성공 공식을 의심하라.

적용하기

1단계: 당신의 낡은 성공 공식을 점검하라.

당신의 커리어, 업무, 혹은 어떤 활동에서든, 과거에 당신에게 성공을 안겨주었거나 지금 당신이 가장 편안하게 느끼는 방식은 무엇인가?
(예: 당신만의 일하는 스타일, 늘 쓰던 문제 해결 방식, 의존하는 특정 기술이나 지식 등)

_____
_____
_____
_____

2단계: 내 방식의 '유효 기간'을 살펴보라.

1단계에서 떠올린 방식이 앞으로의 목표 달성에 도움이 될까, 아니면 오히려 발목을 잡을까? 혹시 이 익숙함 때문에 새로운 기회를 놓치거나 변화에 굼뜨게 대처하고 있지는 않은가?

_____
_____
_____
_____

3단계: '만약'이라는 질문으로 새로운 가능성을 폭발시켜라.

익숙한 방식을 잠시 내려놓거나 부분적으로 변화시킨다면 당신의 커리어, 업무, 또는 활동 영역에서 어떤 새로운 가능성이나 기회를 탐색할 수 있을까?

_____
_____
_____
_____

PART 3

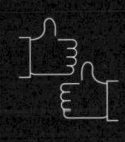

변화

당신의 성장을 가로막던 16가지

08

목표와 기한이라는 족쇄를 풀다

새로운 브랜드 워크맨 플러스의 청사진을 그리고 앰배서더라는 든든한 우군까지 얻었지만, 나는 직감적으로 알았다. 진짜 싸움은 이제부터라는 것을. 아무리 번지르르한 전략을 세우고 외부의 지지를 얻는다 해도 내부 직원의 마음을 얻지 못하면 모든 것은 허상에 불과하다는 것을 말이다.

솔직히 말해 직원들의 눈빛은 여전히 반신반의였다. 수십 년간 '현장의 옷'을 만들어온 자부심 강한 조직이 갑자기 패션 브랜드 흉내를 낸다니. 게다가 나는 외부에서 굴러 들어온 환갑 넘은 신임 임원 아닌가. 그들의 의심과 경계심은 어쩌면 당연했다.

워크맨이 다음 단계로 나아가기 위해 가장 먼저 해야 할 일은 화려한 전략 발표가 아니라 직원들의 마음을 움직이는 것, 수십 년간 굳어진 워크맨의 낡고 경직된 기업 문화를 바꾸는 것이었다.

정글 파이터였던 과거의 나라면 아마 강력한 카리스마로 밀어붙였을지도 모른다. 하지만 워크맨은 내게 다른 방식을 요구했다.

나는 직원들 앞에서 공언했다.

"회사 이름과 간판을 제외한 모든 것을 바꾸겠습니다."

빈말이 아니었다. 이후 나는 8년간 워크맨의 문화를 70퍼센트 이상 바꾸고 직원들의 연봉을 평균 500만 엔대에서 700만 엔대로 인상했다. 지금은 간판마저 워크맨 플러스라는 새 이름으로 바꾸고 있으니 약속 이상을 해낸 셈이다.

이 거대한 변화의 핵심 동력은 무엇이었을까? 나는 두 가지 원칙에 집중했다.

첫째, 엑셀 경영: 감 대신 숫자로 말한다. 우리는 더 이상 어림짐작이나 개인의 경험에 의존하지 않기로 했다. 모든 직원이 엑셀을 통해 데이터를 활용하고 경영에 참여할 수 있도록 했다. 숫자는 객관적인 진실을 드러냈고 사람들은 그 숫자를 보며 스스로 납득하고 움직이기 시작했다. 비전은 강요하는 것이 아니라 데이터로 증명되어야 한다.

둘째, 더 하지 않는 경영: 워크맨의 본질인 '하지 않는 경영'을 한 단계 더 발전시켰다. 직원들에게 스트레스를 주거나, 가치를 만들지 못하거나, 워크맨답지 않은 일들은 과감히 버렸다. 우리는 무작정 '더 많이' 하려 애쓰지 않았다. 대신 가장 잘할 수 있는 본질적인 일에 모든 에너지를 집중했다.

결국 이 모든 변화의 중심에는 멋진 전략이 아니라 '사람'이 있었다. 회사의 진짜 성장은 최고 경영진의 지시가 아니라 구성원들이 스스로 변화의 필요성을 느끼고 움직이기 시작할 때 비로소 이루어진다. 전략은 시대에 따라 변할 수 있지만 단단하게 뿌리내린 문화는 회사를 지탱하는 힘이 된다.

당신 앞에도 비슷한 갈림길이 놓여 있을지 모른다. 구성원의 마음을 얻고 변화를 이끄는 지난하지만 의미 있는 길을 갈 것인가? 아니면 익숙함에 안주하며 서서히 가라앉는 당장은 편한 길을 택할 것인가? 나는 당신이 첫 번째 길을 선택하길 진심으로 바란다. 그 길이 당신과 당신의 조직을 진정한 성공으로 이끌 것이라 믿기 때문이다. 이제 워크맨이 내부의 낡은 상식과 어떻게 결별했는지 구체적인 이야기 속으로 들어가보자.

시계를 버려야 제대로 한다

당신은 마감 시간에 쫓겨 밤새워 일한 적이 있는가? 분기 실적을 맞추느라 영혼을 갈아 넣은 경험은? 목에 걸린 보이지 않는 시계와 숫자가 정말로 더 나은 결과로 이끌고 있다고 확신하는가? 혹시 그 모든 '열심히'와 '압박'이 오히려 당신과 당신의 조직을 서서히 병들게 하는 독은 아닐까?

워크맨에 와서 가장 충격적이었던 것 중 하나는 이곳에서는 이러한 관행을 과감히 폐기했다는 사실이다. 마감 기한? 없다. 단기 성과 목표? 그런 건 없다. 억지로 쥐어짜는 노력? 단호히 거부한다. 처음에는 이게 말이 되나 싶었다. 아니, 회사가 어떻게 이런 식으로 운영될 수 있지? 내 30년 경험으로는 도저히 이해할 수 없는 방식이었다. 하지만 이 '미친 짓'이 어떻게 10년 연속 최대 이익이라는 놀라운 결과를 만들어내는지 내 눈으로 직접 목격했다.

워크맨은 어떤 업무에도 마감 기한을 설정하지 않는다. 대신에 한 번 하기로 한 일은 시간이 걸리더라도 반드시 끝까지 해낸다. 억지로 기한을 정하면 목표가 '제대로 하는 것'에서 '기한에 맞추는 것'으로 변질되기 쉽다. 그렇게 되면 사람들은 일의 본질보다 자신의 체면이나 외부의 시선을 먼저 신경 쓰게 되고 결국 형식적인 결과를 낳을 수 있다. 이 과정이 반복되면 신뢰는 깨지고 조직 전체의 동력이 저하된다.

반대로 명확한 기한이 없다면 어떨까? 물론 처음에는 막막할 수 있지만 결국 사람은 스스로 가장 효율적인 방법을 궁리하고 자

워크맨식 '하지 않는 경영'의 전체상

원칙 1. 직원에게 스트레스가 되는 일은 하지 않는다	▪ 마감 기한 ▪ 성과 목표 ▪ 지나친 노력 강요 등
원칙 2. 가치를 만들지 못하는 불필요한 일은 하지 않는다	▪ 사내 행사 ▪ 고위 관리자의 출근 ▪ 즉흥적인 아이디어 등
원칙 3. 워크맨답지 않은 것은 하지 않는다	▪ 의류 업계의 전략을 따라 하지 않음 ▪ 고마진 상품 판매 ▪ 할인 판매 ▪ 고객 관리 ▪ 매년 신상품 개발 등

기 책임하에 일을 완성시키려 노력하게 마련이다. '언제까지'가 아닌 '어떻게 잘' 할 것인가에 집중하게 되는 것이다.

이러한 철학은 때로 과감한 결정으로 이어진다. 워크맨은 상장 기업임에도 불구하고 한때 결산 발표를 예정보다 미룬 적이 있다. 보통 상장기업은 3월에 결산하고 4월 말까지(결산일로부터 45일 이내) 실적을 발표한다. 요즘은 그보다 더 빨리 발표하는 것이 업계의 흐름이다. 하지만 우리는 과감히 발표를 일주일 연기했다.

업계 관행을 거스르는 이 결정의 이유는 단순했다. 회계팀의 불필요한 야근을 막고 외부 감사인에게 충분한 검토 시간을 주어 정확한 결산을 하기 위해서였다. 물론 걱정이 없었던 것은 아니다. 투자자의 불신, 주가 하락 가능성, 애널리스트의 비판과 같은 외부 리스크는 분명 존재했다. 하지만 진짜 리스크는 속도에 쫓겨 대충 마무리하는 것이었다. 결산은 빠르게가 아니라 정확하게 해야 하는 일이다.

'직원을 중요하게 생각한다'는 말의 진정성은 위기 상황에서 직원들에게 얼마나 희생을 강요하느냐가 아니라 회사가 어떤 원칙을 흔들림 없이 고수하는지로 증명된다. 단순히 "결산 기간에도 야근 금지!"라고 구호만 외치는 것은 공허하다. 실제로 '기한이 아니라 정확성을 위해 일한다'는 선택이야말로 회사가 지향하는 철학을 직원에게 말없이 보여주는 강력한 증거인 셈이다.

사실 기한을 정해두면 오히려 비용과 비효율이 눈덩이처럼 불어나기 쉽다. 특히 IT 프로젝트가 그렇다. 납기가 다가올수록 사람을 더 투입하지만, 품질은 기대에 못 미치고 비용은 걷잡을 수 없이 늘어난다. 워크맨은 이러한 사례를 수없이 목격했기에 IT 시스템 개발에 마감을 두지 않기로 했다. 그 편이 장기적으로 비용 절감은 물론 품질 면에서도 훨씬 효과적이라고 판단했다. 물론 소비세 인상이나 쇼핑백 유료화처럼 외부 제도 변화에 맞춰 반드시 지켜야 하는 기한도 있다. 하지만 내부 시스템 개선과 같은 경우는 이미 상당 부분 안정적으로 운영되고 있기에 굳이 서두를 이유가 없다. 만약 조급한 마음이 든다면 일의 본질보다는 외부의 시선이나 나의 체면 때문일 가능성이 높다.

솔직히 말해 나도 사람이기에 이 원칙을 지키는 것이 가끔은 힘들다. 외부와 약속된 납기일이나 매장 오픈일처럼 명확한 기한이 존재하는 경우에는 더욱 그렇다. 한번은 새로 문을 여는 매장의 오픈일에 맞춰 현장을 찾았는데 매장에는 아무도 없었다. 나중에 알고 보니 현장 담당자가 오픈 준비로 야근이 많아질 것 같아 개점을 일주일 미룬 것이다. 내게는 사전 보고조차 없었다. 당혹스러움을 억누르며 "용기 있는 결정이었다"라고 칭찬했지만 속으로는 식은땀이 흘렀다. 이런 불편함을 견뎌내는 선택들이 모여 회사의 진짜 문화를 만든다. 마감보다 중요한 것은 신뢰고 조직의 생명력이다.

목표를 버려야 더 빨리 달린다

워크맨에는 단기 목표가 없다. 장기 목표는 있지만 기한은 정하지 않는다. 과거 종합상사에 있을 때 나는 셀 수 없이 많은 수치 목표와 마감일 속에서 살았다. 숫자가 곧 성과라고 믿었다. 하지만 경험은 가르쳐준다. 단기 목표가 많을수록 성과는 오히려 멀어진다는 것을. 눈앞의 숫자에 집착하는 순간, 사람은 일의 본질을 놓치고 스트레스 속에서 실수를 저지른다.

'전년 대비 150퍼센트 성장!' 같은 비현실적인 목표는 실현보다 체념을 부른다. '어차피 안 되는 일'이라는 생각은 일하지 않아도 괜찮은 분위기를 만든다. 성과급에 대한 기대치가 낮아지면 생활 수준을 먼저 낮추는 사람도 생긴다. 특히 똑똑한 사람일수록 가능성을 따지기보다 손익을 계산하며 더 빨리 손을 놓는다. 나는 확신하게 되었다. 단기 목표가 늘어날수록 조직은 망가진다고. 과도한 압박은 성과나 성장을 만들지 못한다. 목표 없는 공간에서 사람은 비로소 스스로 우선순위를 정하고 더 깊이 고민하며 더 멀리 나아간다.

놀라운 건 그다음이다. "편하게, 시간은 충분하니 천천히 해보세요"라고 말하면 오히려 더 빨리 결과가 나온다. 사람은 누군가에게 쫓길 때보다 스스로 몰입할 때 훨씬 빠르다.

'억지로 열심히'는 가짜다

마라톤을 떠올려보자. 출발과 동시에 첫 1킬로미터를 전력 질주하는 선수가 있다. 관중은 열광하고 박수를 보낸다. 하지만 마라

톤은 1킬로미터 경주가 아니다. 진짜 박수는 42.195킬로미터를 완주한 사람에게 돌아가야 한다. 기업도 마찬가지다. 눈앞의 성과, 단기 목표, 일회성 매출 등 중요해 보이지만 핵심은 '지속 가능한 시스템'을 만드는 것이다. 성공은 잠깐의 전력 질주에서 오지 않는다. 꾸준히 완주하게 하는 구조, 누구든 해낼 수 있는 방식, 그것이 바로 진짜 경쟁력이다.

워크맨은 단언한다.

'억지로 열심히 해서 달성한 성과는 의미 없다.'

죽을 만큼 일해 분기 매출을 달성한들 무슨 의미가 있을까? 일시적으로 매출을 끌어올릴 수는 있다. 하지만 특정 개인의 초인적인 노력에 의존하는 방식은 시스템이 아니라 기적일 뿐이다. 기적은 반복되지 않는다. 30년, 40년 이어지는 진짜 경영은 누구라도 같은 결과를 낼 수 있는 지속 가능한 시스템에서 시작된다. 그리고 그 시스템은 '반드시 이길 수 있는 포지셔닝'과 '누가 맡아도 성과가 나오는 구조' 위에서 작동한다.

이 원리는 개인의 삶에도 똑같이 적용된다. 일주일 만에 2킬로그램을 빼는 극단적인 다이어트와 1년 동안 습관을 바꿔 건강한 몸을 만드는 방식 중 무엇이 진짜 변화인가? 워크맨은 구성원의 지나친 노력에 기대지 않는다. 그보다는 회사의 '큰 목표'와 개인의 '인생 목표'가 만나는 지점을 찾아 직원이 스스로 전력으로 달리게 한다. 진짜 힘은 하고 싶어서 달리는 그 순간에 비로소 나온다.

나머지 목표는 쓰레기통에 던져라

워크맨에서 내가 제시한 목표는 단 하나였다. 고객층 확대, 즉 블루오션 시장의 확장이다. 이를 위해 '하지 않는 경영'과 '엑셀 경영'이라는 두 가지 시스템을 정교하게 다듬는 데 집중했다. 현재까지 '고객층 확대'는 20~30퍼센트, '엑셀 경영'은 20퍼센트 정도 달성했다. 완전히 실현되기까지는 앞으로 10년은 필요하다. 하지만 그날이 오면 워크맨은 완전히 다른 기업이 되어 있을 것이다.

목표는 많을수록 무게를 잃는다. 어떤 회사는 매년 다섯 개의 목표를 세우고 하나도 이루지 못한 채 다음 해를 맞이한다. 우리 일상도 다르지 않다. 새해에 다짐한 다섯 가지 결심은 한 달도 안 되어 잊힌다.

경영자는 '이 목표만큼은 반드시 이룬다'는 확고한 의지를 보여야 한다. 워크맨은 '고객층 확대'에 대한 진심을 증명하기 위해 가장 먼저 직원 연봉 인상을 선언했다. 그 파격적인 선언에 직원들은 "회사가 정말로 변하려 한다", "지금부터 공부해 두어야겠다"며 스스로 움직이기 시작했다.

회사가 진심을 보이니 직원들도 자연스럽게 화답했다. 성과 목표에 쫓겨서가 아니라, 진짜로 하고 싶은 마음이 생긴 것이다. 신뢰의 경제학은 의외로 간단하다. '내가 먼저 준다'는 용기 없이는 진정한 리더가 될 수 없다.

  목표는 하나만 정해야 한다. 그리고 3년, 4년 끈질기게 밀어야 한다. 특히 중소기업은 더 그렇다. 사장이 하나의 목표를 잡고 세 번의 계절을 밀어붙이면 아무도 그 회사를 막을 수 없다. 이것저것 다 하려는 욕심은 결국 아무것도 잡지 못하게 만든다. 목표를 좁히고, 압축하고, 적게 시도하고 실패를 줄이는 것, 이것이 진짜 변화를 만드는 길임을 나는 워크맨에서 배웠다.

09

문제는 '말 많은 리더'와 '가짜 일'이다

당신은 근무 시간에 진짜 일을 하고 있는가? 아니면 내부를 돌고 도는 일에 시간을 허비하고 있는가? 경영자나 임원이 만들어내는 불필요한 일이 직원의 진짜 일을 방해한다는 사실을 나는 과거 미쓰이물산 본사 기획실에서 뼈저리게 느꼈다.

44세에 사장을 직접 보좌하는 참모 자리에 앉았을 때 나는 숨막히는 현실을 마주했다. 보고, 조율, 또 보고. 서류가 쌓이며 열 개 넘는 부서를 거쳐야 회의 안건 하나가 완성되었다. 회의 전날 임원들을 찾아다니며 일일이 설명하고 나면 사실상 다음 날 회의는 형식적인 절차에 불과했다. '이건 그냥 본회의에서 논의하면 되는 거 아닌가?' 속으로 계속 생각했지만 거대한 조직의 관성은 쉽게 바뀌지 않았다. 조직이 커질수록 '실제 일'과 '조직을 위한 일' 사이의 균형은 무너진다. 보고와 절차, 조율을 위한 시간이 늘어날수록 고객을 위한 시간은 줄어든다.

이 경험은 내 직업관을 완전히 바꾸었다. 그리고 워크맨에서 나는 단 하나의 원칙을 세웠다. 불필요한 일은 하지 않는다. 워크맨이 하지 않기로 결정한 일들을 보며 나는 과거의 비효율을 떠올렸다.

지금, 당신의 회사는 어떤가? 불필요한 일에 익숙해진 조직인가? 아니면 진짜 일에 몰입할 수 있는 환경을 만들어가고 있는가? 이 질문에 정직하게 답하는 것에서부터 변화가 시작된다.

쓸데없는 사내 행사와 회식을 당장 버려라

사내 행사는 대체로 대규모 조직에서 단합을 명분으로 열린다. 하지만 워크맨의 직원 수는 330명이라 대부분 서로 얼굴을 알고 지낸다. 굳이 형식적인 교류를 위해 시간을 내야 할 이유가 없었다. 그래서 사내 행사를 과감히 없앴다. '우리는 가족'이라는 허울 좋은 명분 아래 업무의 연장선이 되는 행사는 시간 낭비일 뿐이다. 진정한 소통은 자연스러운 일상에서 이루어진다. 행사 준비에서 해방된 직원들은 한결같이 말했다.

"이제야 진짜 중요한 일에 집중할 수 있게 됐어요."

회식이나 술자리는 자발적으로 열릴 수 있지만, 회사는 개입하지 않는다. 상사가 부하 직원을 불러내 술잔을 기울이면서 업무 이야기를 꺼내는 순간, 더 이상 회식이 아니다. 명백한 강요이자 근무의 연장이다. 낮에 사무실에서 나눈 대화를 왜 굳이 밤까지, 더구나 술기운을 빌려 이어가야 하는가? 술이 있어야 말문이 열리는 사람이라면 어쩌면 조직 생활과 맞지 않을 수도 있다. 술기운이 아닌 명료한 논리와 데이터를 기반으로 소통하고, 낮에도 얼마든지 깊이 있는 대화를 나눌 수 있어야 한다.

리츠메이칸아시아태평양대학의 데구치 하루아키 총장은 이렇게 말했다.

"일본인은 연간 2,000시간 가까이 일하지만 지난 30년간 GDP 성장률은 1퍼센트에 그친다."

반면 핀란드인은 대부분 오후 4~5시에 퇴근하지만 1인당 GDP는 일본보다 높다. 퇴근 후의 삶이 충만할수록 일의 집중력은 더 강해진다. 워크맨은 외부 술자리도 하지 않는다. 신년회도 폐지했다. 필요한 대화라면 제대로 미팅을 잡으면 된다. 그게 더 빠르고 솔직하다. 모든 관행을 일단 없애는 것에서 시작한다. 그리고 정말 필요하다면 그때 다시 도입한다. 당신의 회사에는 어떤 불필요한 관행이 있는가?

아인슈타인도 오탈자를 냈다

워크맨은 회의를 최소화한다. 월 2회 열리던 전국 회의는 두 달에 3회로 줄였다. 온라인 소통으로 충분하기 때문이다. 매주 하던 영업 회의는 격주로, 월례 회의는 분기별 회의로 바꿨다. 이게 정상이다. 회의라는 이름으로 모여 앉아도 실제로는 시간을 버리는 경우가 많다. 진짜 문제는 생기면 바로 공유되고 해결된다. 굳이 바쁜 사람들을 불러 모아 얼굴 맞대고 앉을 이유는 없다.

보고서도 A4 한 장이면 차고 넘친다. 아니, 가능하면 그냥 말로 보고하고 끝내라. 문서는 최소한만 남기면 된다. 맞춤법이나 오타? 따지지 않는다. 중요한 건 형식이 아니라 핵심이다. 아인슈타인도 상대성 이론을 처음 메모할 때 오탈자가 있었을 것이다. 하지만 그런 메모가 세상을 바꿨다. 형식에 집착하면 본질을 놓친다.

한번은 히로시마 출장에서 슈퍼바이저가 나를 차로 마중 나오겠다고 했다. 나는 "그건 낭비다. 점포에서 만나자"라고 말했다. 나는 가장 가까운 역에서 내려 2~3킬로미터를 걸었고 그동안 슈퍼바이저는 다른 가맹점을 돌면서 점장과 30분 대화로 상황을 파악하고 배웅 없이 혼자 돌아왔다. 그러면서 '상사를 차로 마중 나가는 건 낭비'라는 인식이 우리 회사 전체에 퍼졌다. 형식과 예의라는 이름으로 얼마나 많은 시간이 낭비되고 있는가? 진정한 존중은 상대의 시간을 아껴주는 데서 시작된다.

출근하지 않는 리더가 진짜 유능하다

회사의 생산성이 오르지 않는 진짜 이유는 무엇일까? 가장 큰 낭비는 리더의 즉흥적인 아이디어에서 시작되기도 한다. 경영자의 사소한 궁금증 하나가 조직 전체의 시간을 블랙홀처럼 빨아들인다. 권력이 클수록 자신의 말이 만드는 파장을 자각하지 못한다. 예를 들어보자.

어느 날 한 경영자가 뉴스를 본다.
"에티오피아가 그렇게 덥다던데, 의류는 생산하고 있나?"
그 말은 곧 업무가 된다.
"알아보겠습니다."
그리고 그 말은 또 다른 지시로 이어진다.
"내일까지 에티오피아 의류 생산 현황을 보고해주세요."

이 한마디가 직원에게는 밤샘 야근의 원인이 될 수 있다. 인터넷을 뒤지고 자료를 모은 끝에 에티오피아가 관세 혜택 덕에 수출 여건이 좋다는 사실을 알게 된다. 하지만 회사와는 전혀 관련이 없다. 너무 멀고, 너무 뜬금없기 때문이다.

경영자가 절대 해서는 안 되는 것은 우연히 들은 정보를 업무로 던지는 것이다. 그 한마디가 중요한 과제를 소모적인 업무로 바꿔버린다. 정말 궁금하다면 스스로 찾아보는 것이 리더의 자세다.

아이러니하게도 유능한 리더일수록 불필요한 일을 만들기 쉽다. 리더의 말 한마디가 직원에게는 지시처럼 들리기 때문이다. 그래서 말하고 싶다.

"현장에는 가되, 출근은 줄여라."

현장에는 답이 있지만 사무실에는 잔소리만 있다. 경영자가 새로운 아이디어를 던지는 것은 1년에 몇 번이면 충분하다. 그 외에는 조용히, 묵묵히, 인내하며 지켜봐야 한다. 진짜 리더는 지시가 아니라 절제를 안다. 리더가 직원에게 줄 수 있는 가장 값진 선물은 간섭 없는 몰입의 시간이다. 당신의 존재가 회사 생산성의 가장 큰 장애물일지 모른다는 불편한 진실을 마주할 용기가 있는가?

의자 대신 발로 경영하라

워크맨이 속했던 베이시아그룹에는 창업 초기부터 이어져 온 철저한 원칙이 있다. 바로 '현장 중심주의'다. 그래서 우리는 앉아서만 일하지 않는다. 사장은 일주일에 단 하루, 나는 이틀만 본사에 출근한다. 물론 출근하는 날에는 결재 서류가 기다리고 있다. 그런데 워크맨의 결재 방식은 조금 독특하다. 담당자가 결재 서류를 들고 내 자리로 와서 선 채로 내용을 설명한다. 처음에는 어색했지만 서서 대화하니 군더더기가 사라지고 보고는 놀랍도록 빠르게 끝난다.

사장은 주 1회, 나는 주 2회만 본사에 출근하기에 이 짧은 대면 결재는 자연스럽게 서로의 생각을 공유하는 정기 미팅 역할까지 겸한다. 잠깐의 보고가 관계를 유지하는 최소한의 시간이 되는 셈이다. 그 이상의 불필요한 회의나 보고는 하지 않아도 충분하다.

출근하지 않는 나머지 시간은 어디에 쓰는가? 바로 현장이다. 전국 가맹점을 돌며 판매 데이터를 내 눈으로 확인하고 재고 상황을 점검한다. 미래의 매장이 들어설 땅을 찾아 지방 곳곳을 직접 둘러본다. 서류로는 알 수 없는 땅의 기운과 상권의 분위기는 오직 발로 뛰며 눈으로 봐야만 제대로 파악할 수 있다. 현장에서 확인하는 것은 임원에게 주어진 가장 중요한 역할 중 하나다.

똑똑한 리더가 회사를 망치는 법

경영자가 즉흥적으로 아이디어를 내뱉는 것만큼 조직에 해악을 끼치는 일도 드물다. 위에서 무심코 던진 한마디가 직원들의 귀한 시간과 에너지를 삼켜버린다. 비즈니스 책 한 권 읽거나 세미나에서 들은 내용을 곧바로 회사에 적용해도 성과는 없다. "AI다", "빅데이터다", "DX[7] 전환이다" 같은 구호들은 1년만 지나면 잊힌다.

---

[7] Digital Transformation의 약자로 기업이 디지털 기술을 활용

경영자가 중심을 잡지 못하고 유행에 편승해 이것저것 일을 벌이면 묵묵히 자기 일에 몰두하던 핵심 직원부터 지쳐 나가떨어진다. 변덕스러운 지시를 오래 견딜 직원은 없다.

어쩌면 '하지 않는 경영'은 책임감 강하고 열정적인 경영자에게 더 어려운 과제인지 모른다. 나에게도 그것은 지난 60년의 방식을 버리고 완전히 새로운 사람으로 거듭나는, 마치 이름을 바꾸는 것과도 같은 일이었다. 나는 본래 정글에서 기회를 포착하면 일단 덤벼드는 파이터 기질의 소유자였다. 하고 싶은 것도, 해야 할 것 같아 보이는 것도 너무 많았다. 원투원 마케팅[8]이니, 다이내믹 프라이싱[9]이니, 최신 경영 트렌드를 들을 때마다 당장 워크맨에 도입하고 싶은 유혹을 느꼈다.

하지만 워크맨에서는 이런 나의 성향이 독이 될 수 있어서 참

해 비즈니스 모델, 운영 방식, 고객 경험 등을 근본적으로 변화시키는 과정을 의미한다.

[8] 개인 맞춤형 마케팅으로, 대량의 고객을 동일하게 대하는 대신 각 고객의 특성, 선호도, 구매 이력 등을 분석해 개별적으로 맞춤화된 마케팅 메시지와 제안을 제공하는 전략.

[9] 시장 상황, 수요와 공급, 경쟁사 가격, 고객 행동 패턴 등 다양한 요소에 따라 실시간으로 가격을 조정하는 전략. 고정된 가격이 아닌 알고리즘을 통해 항공권 가격, 호텔 객실 요금, 전자상거래 플랫폼의 상품 가격 등을 최적의 가격으로 자동 책정할 때 널리 사용된다.

아야만 했다. 끊임없이 솟구치는 '하고 싶다'는 욕망을 '하지 않는다'는 결단으로 눌렀다. 그리고 워크맨에 합류하며 다짐했다. 내가 집중할 일은 딱 두 가지뿐이라고. 고객층 확장과 이를 뒷받침할 '하지 않는 경영'과 '엑셀 경영'의 정착. 그 외에 매력적으로 보이는 수많은 가능성은 절대 손대지 않겠다고 스스로 약속했다.

좋은 경영자는 아이디어가 넘친다. 비즈니스 책을 한 권 읽을 때마다 새로운 사업 아이디어나 개혁안이 떠오른다. 하지만 그 번뜩이는 아이디어를 함부로 꺼내지 않고, 당장 실행하고 싶은 충동을 참아내는 것이야말로 진정한 리더의 미덕일지도 모른다. 어쩌면 가장 어려운 수행이기도 하다.

나는 여전히 미숙한 경영자다. 그래도 평범한 경영자라도 되기 위해 '하고 싶은데 하지 않는' 괴로움을 견디기로 했다. 둔해 보일 만큼 한 가지에만 집중하는 것. 그게 진짜 경영자의 모습이라 믿는다.

지난 8년, 나는 그렇게 자신을 다스려왔다. 워크맨이 가르쳐준 '하지 않음'의 지혜를 내 안에도 단단히 뿌리내리기 위해.

10

진짜 '워크맨다움'으로 승부하다

언론에서는 종종 워크맨의 경쟁 상대로 유니클로를 언급한다. 하지만 내가 보기에 두 회사는 전혀 다른 씨름판에서 싸우고 있다. 유니클로가 남녀노소 누구나 찾는 기본 의류로 거대한 시장을 공략한다면, 워크맨은 특정 목적을 가진 사람을 위한 고기능성 제품을 믿을 수 없이 저렴한 가격에 제공한다.

유니클로의 입장에서 보면 워크맨이 주력하는 시장은 너무 작아 매력적이지 않을 것이다. 반대로 우리가 유니클로가 장악한 넓은 시장에 뛰어든다면 어떻게 될까? 결과는 백전백패다. 따라서 우리는 그 싸움을 하지 않는다. 우리는 애초에 다른 판을 선택했으며, 그 판에서 최고가 되는 데만 집중한다. 고객층이 다르기 때문에 대형 쇼핑몰에서 유니클로 매장 바로 옆에 워크맨 매장이 들어서도 오히려 긍정적인 시너지를 낼 때가 있다.

물론 최근 아웃도어웨어와 일상복의 경계가 흐려지고 있다. 캠핑이나 등산을 하지 않는 사람들도 기능성 의류를 일상에서 즐겨 입는다. 이 시장은 분명 매력적으로 보인다. 하지만 유행을 따라 그 업계의 방식을 흉내 낸다면 워크맨은 평범한 브랜드로 전락하고 말 것이다. '워크맨다움', 즉 압도적인 기능과 품질을 믿을 수 없는 가격에 제공한다는 차별성이 희미해지면 경쟁력은 모래성처럼 무너진다. 우리는 결코 그 유혹에 넘어가지 않을 것이다.

옷 장사의 문법을 따르지 않는다

작업복은 닳아 없어질 때까지 쓰는 소모품이다. 소모품에서 가장 중요한 건 합리적인 가격이다. 그래서 다른 의류 회사들이 매출총이익률 70~80퍼센트를 이야기할 때도 워크맨은 묵묵히 35퍼센트라는 선을 고집해왔다. 외부에서 보면 비효율적인 장사로 보일지 모른다. 하지만 낮은 마진 속에서도 전체 경상이익률은 17퍼센트라는 높은 수준을 유지한다. 어떻게 가능하냐고? 우리만의 길이 있기 때문이다.

그 길의 핵심은 절대 제품 단가를 함부로 올리지 않는다는 원칙이다. 가격을 올리는 순간, 고객과의 오랜 약속은 깨진다. 특히 경기가 어려울수록 고객은 거품 낀 가격 앞에서 냉정해진다. 잦은 할인 행사는 결국 브랜드 신뢰를 무너뜨릴 뿐이다. 우리는 그 함정에 빠지지 않기로 했다. 대신 고객이 망설임 없이 매장을 다시 찾을 이유를 만드는 데 집중한다. 이제 점점 더 많은 고객이 가격표를 확인하지 않고도 우리 제품을 장바구니에 담는다. 돈으로는 절대 살 수 없는 이 굳건한 신뢰야말로 가장 소중한 자산이다.

워크맨은 의류 회사가 아니다. 앞으로도 옷 장사꾼의 흔한 전략을 따를 생각은 없다. 대형 의류업체가 직영점 중심으로 몸집을 불릴 때 워크맨은 정반대의 길, 즉 가맹점 중심(예를 들어 유니클로는 90퍼센트 이상이 직영점이지만 워크맨은 95.2퍼센트가 가맹점이다.)의 길을 택했다. 본사가 배를 불리는 대신, 가맹점주가 안정적인 수익을 얻으며 함께 성장하는 구조를 만든다. 우리의 길은 처음부터 달랐고 앞으로도 다를 것이다.

디자인을 바꾸지 않는다

"이번 시즌 신상품입니다!"

패션 업계의 시간은 숨 가쁘게 흐른다. 하지만 워크맨의 시간은 훨씬 느리게 흐른다. 우리는 '디자인을 함부로 바꾸지 않는다'는 원칙을 묵묵히 지켜왔다. 작업복의 세계에서는 반짝이는 유행보다 지속성이 훨씬 중요하다. 고객은 익숙한 제품을 다시 사고 싶어 한다. 다른 회사에게 지난 시즌 옷은 재고지만 우리에게는 내년에도 팔 수 있는 상품이다.

상품을 개발할 때는 최소 5년, 길게는 10년 이상 판매할 것을 전제로 한다. 새로운 색상이나 패턴이 추가될 수 있지만, 이는 옷감의 무늬나 색상 변화에 그친다. 옷의 기본 구조나 제작 방식은 바꾸지 않는다.

첫해에는 아주 소량만 생산한다. 혹시라도 시즌 상품이 재고로 남는 상황이 발생하더라도 다음 해에 제값을 받고 다시 판매할 수 있도록 처음부터 그렇게 설계한다. 시간을 우리 편으로 만드는 것이다.

제품 생산에도 원칙이 있다. 첫해에는 일부러 적은 양만 만든다.
"이거 너무 적은 거 아니에요?"
담당자가 걱정하며 묻더라도 나는 단호하게 말한다.
"괜찮습니다. 다 팔리면 좋고 남더라도 부담이 없어야 합니다."

워낙 적게 생산하다 보니 인기 제품은 새벽 7시 개점 전부터 고객이 매장 앞에 줄을 서고, 품절된 제품은 중고 시장에서 정가의 세 배에 거래되는 기현상까지 벌어진다. 의도하지 않은 결과였지만 희소성이 고객의 기대감을 높이는 부수적인 효과도 있는 듯하다.

두 번째 해부터는 전년도 판매 데이터를 바탕으로 수요를 예측해 생산량을 결정한다. 현재 우리의 수요 예측 정확도는 ±15퍼센트 수준으로 꽤 높은 편이지만 예측치의 95퍼센트만 생산하는 것이 불문율이다.

"과잉 생산은 절대 하지 않는다."

재고는 곧 비용이고 그 비용은 결국 고객에게 돌아간다.

우리는 매년 디자인을 바꾸거나 신제품만 내놓는 방식을 따르

워크맨의 절대적 우위성

작업복은 지속성을 중시 vs 일반 의류는 유행을 따름

워크맨은 작업복 업계의 방식을 절대 바꾸지 않는다.

저가격	이익률 35%로도 높은 수익 확보
지속 제품	PB 제품은 5년간 지속 판매 • 할인 판매율 2% 이하 • 색상과 패턴만 매년 변경
공용 제품	작업복 전문 고객과 일반 고객 대상의 공통 제품이 많음 • 어느 고객층에서든 품절되므로 재고 리스크가 낮고, 혹시 재고가 남더라도 다음 해에 정가로 판매 가능 • 유니섹스 전략을 통해 여성 고객층까지 확보 가능

방수 데님

당사의 PB제품 생산 방식

① 첫해에는 소량으로 생산하여 반응을 살피고, 2년 차부터는 매년 제품을 개선하여 ±15% 수준의 정확도로 수요를 예측하여 생산한다.

② 경쟁사가 수년간 따라올 수 없는 독보적인 제품을 개발하는 것이 전제 조건이다.

지 않는다. 하나의 제품을 최소 5년 이상 유지하며 필요할 경우에 만 살짝 개선한다. 예를 들어, 회색과 파란색뿐이던 겉옷에 여성 고객을 위해 분홍색이나 녹색을 추가하거나 젊은 층을 위해 카모플라주(위장) 무늬를 넣는다. 지퍼 색상을 바꾸거나 방수 기능을 개선하는 정도의 변화는 있을 수 있다.

색상은 최대 네다섯 가지로 엄격히 제한한다. 대형 브랜드처럼 한 제품에 20가지 색상을 늘어놓지 않는다. 색상이 많아지면 생산과 재고 관리가 복잡해지고 안 팔리는 색상이 생겨 재고 부담만 커진다. 고객도 선택지가 너무 많으면 혼란스러워 구매를 망설인다는 것을 우리는 경험으로 안다.

이렇게 고집스럽게 원칙을 지켜온 결과, 요란한 광고 없이도 조용히 우리만의 블루오션을 넓혀올 수 있었다. 중요한 것은 이 모든 과정에서 워크맨의 본질, 즉 압도적인 기능과 저렴한 가격이라는 약속을 반드시 지킨다는 점이다. 그것이 바로 워크맨다움이다.

고객 관리를 하지 않는다

최근 마케팅 업계는 '개인화'와 'CRM(고객 관계 관리)'로 들썩인다. 고객 데이터를 수집하고 분석해 정밀하게 타겟팅하는 것이 당연한 전략처럼 여겨진다. 하지만 워크맨은 전혀 다른 길을 간다. 고객 정보를 수집하거나 포인트 제도를 운영하거나 개별 맞춤 메시지를 보내는 고객 관리 활동을 일절 하지 않는다. 누군가 "요즘 시대에 고객 관리를 안 하다니, 제정신입니까?"라고 묻는다면 우리는 이렇게 반문할 것이다. "그 고객 관리가 정확히 무엇입니까?"

워크맨이 고객 관리를 하지 않는 이유는 분명하다. 고객 정보를 수집하고 분석하는 데에는 막대한 비용과 책임이 따르기 때문이다. 예를 들어, 회원제 포인트 카드만 해도 고객의 성별, 연령, 주소 등 민감한 정보를 얻는 대가로 1퍼센트 포인트를 적립해줘야 한다. 하지만 1퍼센트 적립만으로도 워크맨의 박한 이익률(약 35퍼센트)은 더욱 줄어든다. 나아가 고객 정보가 외부로 유출되기라도 한다면 기업 신뢰는 회복하기 어려운 타격을 입는다. 우리는 이런 위험하고 비효율적인 일에 자원을 낭비하지 않기로 했다.

대신 워크맨은 엑셀 경영이라는 단순하면서도 효율적인 방식으로 문제를 해결한다. 전국 981개 매장은 면적, 상품 구성, 가격 정책까지 철저히 표준화되어 있다. 따라서 모든 데이터를 수집하지 않아도 대표 매장 30곳의 핵심 고객 100명에 대한 다섯 가지 항목(성별, 연령, 직업, 연간 방문 횟수, 사용 목적)만 조사하면 전체 시장 흐름을 정확히 읽을 수 있다. 복잡한 고객 관리 시스템 없이도 실질적인 통찰을 얻는다.

더 나아가 워크맨은 절대 할인 판매를 하지 않는다. 할인은 고객에게 일시적인 혜택을 주지만 데이터의 정확도를 흐린다. 제품이 정말 좋아서 팔렸는지 아니면 단지 할인 때문에 팔렸는지 판단하기 어렵다. 할인 없는 정책은 데이터의 순도를 높이고 제품에 대한 고객의 진짜 반응을 가감 없이 보여준다. 이처럼 '하지 않는 경영'과 '엑셀 경영'은 워크맨이라는 수레를 굴러가게 하는 두 개의 단단한 바퀴다.

본질적으로 워크맨은 마케팅으로 경쟁하지 않고 이기는 구조를 만든다. 남들이 만든 경쟁의 틀에 들어가면 이기든 지든 소모전에 휘말린다. 우리는 잔기술 대신 고객이 스스로 찾아올 수밖에 없는 압도적인 제품을 만드는 데 집중한다. 제품이 정말 좋다면 요란한 마케팅 없이도 고객은 자연스럽게 몰려든다.

반대로 품질이 부족한 제품을 화려한 마케팅으로 포장해 파는 것은 사회에 대한 반칙이다. 장사꾼 이전에 인간으로서 그런 일은 해서는 안 된다. 워크맨은 더 이상 단순한 소매점이 아니다. 제품을 기획하고 제조하며 그 결과에 책임을 지는 메이커다. 그래서 '상품(商品)'이라는 말보다 직접 만든 '제품(製品)'이라는 용어를 고집한다.

워크맨의 전략은 단순하다. 세상을 놀라게 할 독보적인 제품을 만든다. 그리고 대중 마케팅으로 그 존재를 알린다. 그러면 고객은 자연스럽게 찾아온다. 우리에게는 그것으로 충분하다. 아니,

그것이 전부다.

재계약률 99퍼센트의 비결

워크맨 가맹점의 계약 갱신율은 무려 99퍼센트에 이른다. 프랜차이즈 업계에서 이 수치는 매우 놀라운 성과다. 일반적으로 프랜차이즈, 특히 대형 편의점은 본사의 지시가 지나치게 세세하고 운영 방식이 복잡하다. 가맹점주는 죽어라 일하는데 정작 손에 쥐는 돈은 쥐꼬리만큼이다. 이게 바로 개처럼 일하고 푼돈 버는 현대판 노예 구조 아닌가?

워크맨은 정반대다. 시대에 맞는 간결한 일 방식을 제시하고 매출이 오르면 수익도 정확히 비례해 늘어난다. 그 결과 재계약률이 높고 가맹점을 자식이나 친인척에게 물려주는 '기업 승계' 사례도 흔해졌다. 이는 워크맨이 스트레스를 줄이고 안정적인 수익을 보장하기 때문이다.

높은 재계약률과 가업 승계의 비결은 불필요한 일을 줄이고 본질에 집중한 세 가지 '하지 않음' 원칙에 있다.

1. 대면 판매하지 않기
2. 폐점 후 계산대 마감하지 않기

3. 실적 목표 없애기

직원이 따라붙어 설명할 필요도, 폐점 후 계산대를 마감할 필요도, 본사 지시대로 상품을 억지로 팔 필요도 없다. 그 결과 워크맨 가맹점은 오랜 기간 안정적으로 운영되며 신뢰와 자율성이 자연스럽게 쌓인다.

"손님, 뭐 찾으시는 거 있으세요?"

워크맨 매장에서는 이런 부담스러운 질문을 거의 들을 수 없다. 제품 태그에 정보가 잘 정리되어 있고 더 자세한 정보를 원하는 고객은 매장에 비치된 앰배서더 POP의 QR 코드를 통해 인스타그램, 블로그, 유튜브 등에서 스스로 정보를 찾아볼 수 있다.

저녁 8시 워크맨 매장의 셔터가 내려간다. 점주는 익숙한 손놀림으로 현금 서랍을 금고에 넣고, 매장 불을 끄고, 문을 잠근다. 시계를 보니 8시 5분. 다른 가게들이 마감 정산으로 분주할 시간에 점주는 이미 집으로 향한다. 이는 워크맨의 '5분 퇴근' 시스템 덕분이다. 오후 2시에 당일 정산을 미리 끝내놓기 때문에 가능한 일이다. 이는 일하는 사람의 '삶의 질'을 우선하는 워크맨의 철학이 담긴 시스템이다. 덕분에 많은 가맹점에서 부부가 하루 대여섯 시간씩 교대로 일하며 무리 없이, 스트레스 없이 매장을 운영한다.

채찍이 아닌 신뢰로

숫자가 아닌 믿음으로 움직이는 시스템이 가능할까? 대부분의 공급망은 힘의 논리에 따라 움직인다. 중심이 되는 대기업은 필요할 때 필요한 만큼만 부품이나 자재를 공급받고 그 과정에서 발생하는 재고 부담이나 리스크는 고스란히 협력업체에 떠넘긴다. 나는 이를 '채찍형 공급망'이라고 부른다. 자동차 산업을 떠올려보자. 부품 공급업체는 완성차 공장 근처에 거대한 창고를 짓고 막대한 재고를 떠안은 채, 하루에도 수차례 제조 라인에 부품을 공급해야 한다. 만약 공급이 조금이라도 늦어져 생산 라인이 멈추면 그 책임과 손실은 오롯이 협력업체의 몫이 된다.

편의점 업계에서도 비슷한 사례가 있다. 여름철에 갑자기 어묵이 대량으로 판매된 일이 있었다. 예상치 못한 수요 증가로 어묵 재료 공급이 부족해졌고 결국 수억 엔 규모의 기회손실 보상을 협력업체가 부담했다. 본사의 주문에 신속하게 대응하기 위해 협력업체는 평소에도 일정 재고를 유지해야 하며, 특히 식품인 경우 폐기해야 하는 상황도 빈번하다.

채찍형 공급망은 중심 기업에는 편리할지 모르지만, 시스템 전체에는 비효율과 낭비를 낳는다. 과도한 재고, 폐기되는 식자재, 불필요한 물류 비용은 결국 최종 소비자 가격에 반영된다. 나는 오래전부터 이 구조에 의문을 품었다. 종합상사 시절, 미국공급망

협회의 일본 지부 회장을 맡았던 경험을 바탕으로 더 합리적이고 지속 가능한 시스템을 고민했고 그 결과물이 바로 워크맨에서 구현한 신뢰 기반의 '선의형 공급망'이다.

그 핵심 원리는 간단하다. 정보 우위를 가진 쪽이 선의를 가지고 상대방을 위해 최선의 결정을 내린다. 공급망에서는 일반적으로 상위로 갈수록 더 많은 정보를 확보한다. 워크맨의 경우, 가맹점보다는 본사가, 본사보다는 제품을 공급하는 벤더(제조업체)가 더 넓고 깊은 시장 정보를 가지고 있다. 그래서 본사는 전문성을 믿고 공급 수량 결정을 벤더에게 맡긴다. 그리고 워크맨은 그들이 결정한 수량을 묻지도 따지지도 않고 전량 매입한다.

"아니, 그래도 되는 겁니까? 벤더가 자기들 편한 대로 물량을 밀어내면 어떡하죠?"

당연히 이런 질문이 나올 수 있다. 하지만 우리의 주요 벤더는 해당 업계에서 20~30년 이상 경험을 쌓은 베테랑이다. 그들은 워크맨뿐만 아니라 다른 경쟁사의 판매 상황까지 속속들이 파악하고 있다. 우리는 벤더의 전문성을 존중하고, 동시에 우리 매장의 판매 및 재고 데이터, 물류센터의 출고 정보까지 투명하게 공유한다. 서로에게 숨기는 것이 없다. 이 투명한 정보 공유와 상호 존중이 선의형 공급망의 기반이다.

그 결과는 어떨까? 이 시스템을 도입한 후, 제품 서비스율(수요 대비 공급률)은 93퍼센트에서 97퍼센트로 눈에 띄게 상승했고 재고 회전일수[10]는 27일에서 24일로 단축됐다. 더 놀라운 점은 워크맨 본사에서 발주 업무 자체가 사라졌다는 사실이다. 벤더가 필요한 물량을 알아서 공급하니 일일이 주문을 넣을 필요가 없어졌다.

이 선의에 기반한 신뢰 구조는 본사와 가맹점 사이에서도 똑같이 적용된다. 가맹점은 독립된 사업체이기에 본사가 일방적으로 물건을 밀어낼 수 없다. 대신 본사는 데이터를 분석해 최적의 상품 구성을 제안하고, 가맹점주는 매장의 발주 단말기에서 '일괄 발주 버튼'을 누르기만 하면 된다. 물론 최종 선택은 가맹점주의 몫이다. 하지만 대부분의 점주는 바쁜 와중에도 기꺼이 버튼을 누른다. "본사에서 알아서 잘 해주겠지" 하는 믿음이 시스템의 핵심이다.

이 시스템에는 마음의 힘이 작용한다. 상대방에게 손해를 끼치면 마음이 불편해진다. 이 미묘하면서도 강력한 감정이 시스템을 자율적으로 유지시킨다. 슈퍼바이저는 가맹점의 입장에서 본사를 설득하고, 제조업체 담당자는 워크맨의 성공을 위해 함께 고민

---

10 재고가 창고에 평균적으로 머무는 기간을 일수로 나타낸 지표. 이 지표가 짧을수록 재고가 빠르게 소진되고 있음을 의미하며, 일반적으로 재고 관리의 효율성을 평가하는 데 사용된다.

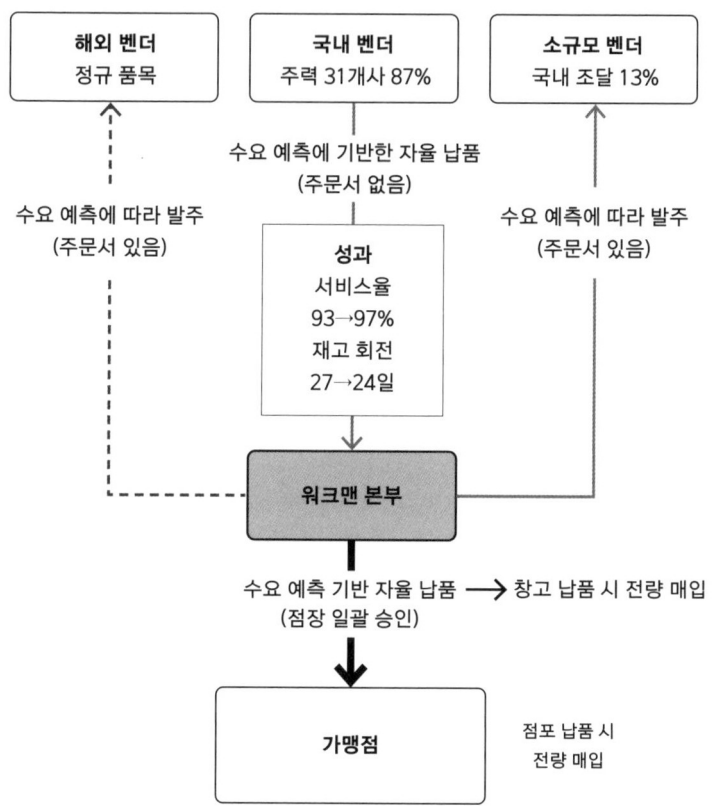

한다. 서로가 서로의 편이 되어주는 것이다. 만약 본사의 실수로 가맹점에 손실이 발생하면 본사가 손실의 60퍼센트를 부담한다. 실수를 추궁하기보다 책임을 나누고 다음을 기약한다.

이 신뢰는 해외 거래처로도 확장된다. 한번은 중국 공장에서 우리 제품 재고가 산더미처럼 쌓여 있는 것을 보고 의심했지만, 거래처가 제때 납품하기 위해 한 달 치 물량을 미리 준비해둔 것이었다. 이는 파트너를 위한 선의였다. 워크맨은 거래처를 쉽게 바꾸지 않는다. 몇 푼의 가격 차이로 수십 년간 쌓아온 신뢰를 저버리는 것은 어리석은 일이다. 해외 업체들과도 대부분 10년 이상, 길게는 수십 년간 끈끈한 협력 관계를 유지해왔다. 매년 형식적인 가격 입찰을 진행하지만 실제로 거래처가 바뀌는 경우는 거의 없다. 처음부터 신중하게 경쟁력 있는 업체를 선정하고 오랜 시간 신뢰를 쌓으며 함께 성장해왔기 때문이다. 눈에 보이는 비용보다 큰 손실은 깨진 신뢰를 회복하는 데 드는 시간과 노력이다. 워크맨의 진짜 경쟁력은 제품이나 가격 너머에 있는 보이지 않는 신뢰의 네트워크에서 나오는 것인지도 모른다.

ACTION 3
마감과 목표라는 족쇄 풀기

핵심 원칙

과도한 목표, 엄격한 기한, 그리고 그로 인한 억지 노력은 성과보다 스트레스와 비효율을 낳는다. 일의 본질과 신뢰에 집중하고 '몰입할 시간'을 가질 때 더 나은 결과와 지속 가능성을 얻는다.

목표는 많을수록 무게와 집중력을 잃는다. 가장 중요하고 본질적인 '단 하나의 목표'를 정하고, 다른 매력적인 가능성이나 유혹을 물리치며 끈질기게 밀어붙일 때 진짜 변화를 만들 수 있다.

워크맨's 인사이트

- 워크맨은 업무에 마감 기한이나 단기 성과 목표를 설정하지 않고, 억지로 열심히 하는 것을 지양한다.
- 기한에 쫓기면 '제대로'보다 '마감 맞추기'에 집중해 본질을 놓치고 신뢰가 깨진다. 기한이 없으면 스스로 궁리하며 제대로 완성한다.
- 단기 목표가 많을수록 조직은 망가지며 과도한 압박은 성과보다 체념과 스트레스를 부른다.
- 목표 없는 공간에서 사람은 스스로 몰입하며 더 빨리, 더 멀리 간다. '억지로 열심히'는 지속 가능하지 않다. 진정한 힘은 '하고 싶어서' 나올 때 발휘된다.

적용하기

1단계: 나를 쫓는 마감과 목표는 무엇인가?

당신의 업무, 프로젝트, 또는 개인적인 활동에서 당신을 강하게 압박하거나 스트레스를 주는 마감 기한이나 단기 성과 목표는 무엇인가? 그것을 달성하기 위해 억지로 노력하고 있다고 느끼는 순간은 언제인가?

나를 압박하는 마감 기한/단기 목표:

억지로 노력하고 있다고 느끼는 순간:

2단계: 압박 없는 몰입 상상하기

1단계에서 느낀 압박과 스트레스가 없다면 당신은 그 일을 어떤 방식으로 하고 싶은가? 어떤 부분에 더 집중하고 싶고, 어떻게 해야 그 일에 더 깊이 몰입할 수 있을까?

압박 없는 몰입 상태에서 일하는 방식:

기한이나 목표 없음으로 기대되는 긍정적인 결과:

3단계: 작은 영역에서 족쇄 풀기 시도

모든 것을 바꾸기는 어렵겠지만, 당신의 업무/활동 중 아주 작은 부분이라도 '마감 기한 없음', '단기 목표 없음', '억지 노력 안 하기'를 시도할 영역을 정하고 구체적인 계획을 세워보자. 그 시도를 통해 무엇을 배우고 싶은가?

족쇄 풀기 시도 영역:

구체적인 실행 계획:

시도를 통해 배우고 싶은 것:

PART 4

혁신

데이터는 감보다 정확하다

11

하지 않기 위해
반드시 알아야 할 데이터

워크맨의 '하지 않는 경영' 철학에 익숙해지던 무렵 나는 더 근본적인 문제에 직면했다. 바로 데이터, 정확히는 데이터의 부재였다.

소매업체가 매장 재고를 정확히 파악하지 않고 장사를 한다? 믿을 수 없는 일이다. 내가 동네 편의점 주인이라면 오늘 초콜릿이 몇 개 팔렸는지 모르고 내일 장사를 준비할 수 있을까? 상상조차 어렵다. 그런데 워크맨은 이 황당한 현실을 살아가는 회사다.

워크맨에 입사했을 때 나는 이 믿기 어려운 현실에 그야말로 말문이 막혔다. 연간 총매출과 재고 금액 같은 뭉뚱그린 숫자는 존재했다. 하지만 각 매장에서 하루에 어떤 제품이 몇 개 들어오고, 몇 개 팔렸으며, 현재 몇 개 남았는지를 보여주는 수량 데이터는 전무했다. 점장들의 경험과 직감에만 의존했으며 본사도 이를 당연하게 여겼다. 심지어 이 주먹구구식 방식을 "쓸데없이 복잡한 일은 하지 않는다"라며 자랑스럽게 포장하기까지 했다.

이는 워크맨의 '하지 않는 경영' 철학이 낳은 풍경일지도 모른다. 복잡한 전산 시스템 구축과 관리가 쓸데없는 일이었기에 생략한 것이다. 겉으로는 간편하고 효율적으로 보일 수 있지만, 소매업의 본질을 고민해온 내게 이 현실은 당혹감을 넘어 분노에 가까운 충격이었다.

'아니, 물건을 파는 장사꾼이 자기 가게에 재고가 몇 개 있는지도 모르면서 어떻게 사업을 한다는 말인가?'

'대체 무슨 배짱으로 물건을 들여놓고 어떤 근거로 가격을 매긴다는 거지?'

마음속에서 이런 외침이 터져 나오는 것을 막을 수 없었다. 판매와 재고 데이터는 소매업자에게 생명줄이나 다름없다. 마치 숨 쉬는 공기와 같다. 데이터가 없다는 것은 단순한 숫자의 부재가 아니다. 회사가 스스로 '현실을 외면하고 있다'는 선언과 같았다. 데이터 없이 사업을 한다는 건 내게 두 눈을 가리고 안개 낀 고속도로를 질주하는 것과 다름없었다.

워크맨에는 데이터가 없었다

2012년부터 2013년까지, 워크맨에 합류한 첫 2년 동안 나는 공식적으로 "아무것도 하지 않았다"라고 말했다. 언론 인터뷰에서도 그렇게 밝혔다.

"회장님께서 아무것도 하지 말라고 하셔서 그저 그 말씀을 충실히 따랐을 뿐입니다."

이 말은 절반만 진실이다. 겉으로는 모든 것이 멈춰 있는 듯했지만 그 2년은 결코 허비된 시간이 아니었다. 보이지 않는 곳에서 단단한 뿌리를 내리는 시간이었다. 회장님은 내게 "아무것도 하지 않아도 되네"라고 말씀하신 뒤 한마디를 덧붙이셨다.

"대신 훌륭한 인재를 키워주게."

그가 원한 것은 즉각적인 성과가 아니었다. 사람을 키우는 일, 조직의 미래를 위한 근본적인 투자였다.

사람들은 대개 정체를 견디지 못한다. 그래프가 끊임없이 우상향해야만 성장이라 믿는다. 하지만 땅속 깊은 곳의 대나무를 보자. 처음 4년 동안 땅 위로는 1센티미터도 자라지 않는다. 그러나 그 시간 동안 땅속에서 뿌리를 수백 미터 뻗는다. 그러다 5년째가 되면 단 몇 주 만에 25미터까지 폭발적으로 치솟는다. 삶의 정체기로 보이는 시간도 이와 같을 것이다. 오늘의 멈춤이 내일의 성장을 위한 뿌리내림일 수 있다. 워크맨에서 보낸 2년도 그런 시간이었다.

2년 동안 나는 워크맨의 '하지 않는 경영'을 지속하기 위해 필수적인 준비를 묵묵히 진행했다. 워크맨 역사상 처음으로 모든 제품의 수량 데이터를 수집하고, 이를 기반으로 미래 수요를 예측하는 시스템의 토대를 마련했다. 내 경험과 네트워크를 총동원하고, 외부 전문가의 지혜와 미쓰이물산의 지원을 받았다. 사업 구조가 비슷한 카인즈(Cainz)[11]의 사례를 참고해 예측 알고리즘의 정확도를 검증하고 개선했다.

이것은 단순히 편리한 업무 도구 하나를 더하는 차원의 문제가 아니었다. 우리가 앞으로 더 많은 불필요한 일들을 자신 있게 하지 않기 위해 반드시 갖춰야 할 최소한의 방패이자 무기를 만드는 과정이었다. '하지 않음'을 지속하기 위해 데이터 기반을 다지는 일은 반드시 해야 할 일이었다. 역설적이게도 말이다.

숫자가 조직을 비추는 거울이 되다

하지만 시스템만 만든다고 끝나는 일이 아니었다. 진짜 어려운 도전은 사람들의 생각을 바꾸는 것이었다. 내가 처음으로 "이제부터는 데이터를 제대로 모으고 활용해야 합니다"라고 조심스럽게 운

---

11 일본의 대표적인 홈센터 체인. DIY, 원예, 반려동물, 집안일 관련 용품을 판매한다.

을 뗐을 때 직원들 반응은 싸늘함을 넘어 노골적인 의구심에 가까웠다.

"지금까지 데이터 없이도 잘해왔는데 갑자기 왜 데이터를 봐야 합니까?"

그들의 항변이 아주 틀린 말은 아니었기에 나는 잠시 숨을 골라야 했다. 하지만 나는 이 철학을 정반대로 뒤집어볼 필요가 있다고 느꼈다. 복잡한 일을 피하려면 역설적이게도 데이터를 반드시 들여다봐야 한다. 데이터가 없으면 무엇을 해야 하고, 무엇을 피해야 할지 기준이 모호해진다. 결국 불필요한 일에 손대며 일을 복잡하게 만들 뿐이다.

나는 말 대신 행동으로 보여주기로 했다. 여러 직원과 함께 워크맨 매장 몇 곳을 방문해 어지러운 진열대 앞에 섰다. 어떤 매장에는 팔리지 않는 재고가 먼지를 뒤집어쓴 채 쌓여 있었고, 다른 매장에서는 인기 제품이 품절돼 선반이 비어 있었다. 나는 직원들에게 물었다.

"고객으로서 이 상황을 보면 어떤 기분이 들겠습니까?"

침묵 끝에 한 직원이 입을 열었다.

"솔직히 기분이 좋을 리 없습니다. 필요한 물건이 계속 없다면 다른 가게로 발길을 돌리지 않을까요?"

그 말에 데이터의 필요성이 담겨 있었다. 데이터는 차가운 숫자가 아니라 고객의 불편을 읽고 요구를 예측하는 소통의 도구였다. 워크맨의 '하지 않는 경영'이 고객을 불편하게 할 수도 있음이 드러난 순간이었다.

우리는 간단한 데이터 수집부터 시작했다. 각 매장의 판매 수량과 재고 현황을 기록하고 이를 바탕으로 다음 날 발주량을 조정했다. 복잡한 시스템 대신 엑셀 시트 하나로 충분했다. 며칠 만에 변화가 나타났다. 어림짐작에 의존했던 발주가 정확해지며 불필요한 재고와 품절 사태가 크게 줄었다. 한 직원이 웃으며 말했다.

"솔직히 처음엔 숫자가 뭐 그리 대단할까 했는데 써보니 효과가 바로 나타나네요."

어느새 직원들은 데이터에 관심을 보이기 시작했다. 자체 제작한 엑셀 파일을 공유하고, 데이터를 비교하며 토론했다. 딱딱했던 숫자가 생동감 있게 다가오자 데이터는 더 이상 골치 아픈 숙제가 아니었다. 직원들은 스스로 숫자를 읽고 해석하며 고객의 마음과 소통하기 시작했다.

멈춘 2년이 만든 변화의 청사진

데이터의 필요성을 뼈저리게 느끼고 시스템 구축 방향을 고민하던 끝에, 워크맨이 나아갈 세 가지 핵심 방향을 정리할 수 있었다.

첫째, 사람을 바꾸는 데는 시간이 필요하다. 직원들의 생각과 일하는 방식을 뿌리부터 바꾸려면 최소 5년은 걸릴 것이다. 오랜 사고와 습관은 쉽게 바뀌지 않는다. 조급함을 경계해야 한다는 깨달음이었다.

둘째, 시스템 구축은 장기 과제다. 정보 시스템 구상에 1년, 구현에 1년, 총 2년이 걸리는 대규모 프로젝트였다. 성급히 추진할 일이 아니었다. 신중하고 철저한 준비가 필요했다.

셋째, 교육이 우선이다. 훌륭한 시스템이라는 '그릇'이 준비되어도 이를 활용할 '사람'이 없으면 무슨 소용인가. 시스템만으로는 변화를 일으킬 수 없다.

나는 5년 후 워크맨의 미래를 상상하고, 거꾸로 시간을 거슬러 올라와 지금 당장 시작해야 할 일을 정했다. 이를 '백캐스팅(Backcasting)'이라 명명했다. 2년 내 목표와 지금 당장 시작해야 할 일을 설정했다. 그 첫걸음은 직원 교육이었다. 뛰어난 제품력만으로는 부족했다. 데이터를 정확히 읽고, 깊이 해석하며, 현명하게 활용하는 능력을 워크맨의 핵심 경쟁력으로 삼기로 했다.

내가 꿈꾼 워크맨의 미래는 이런 모습이었다.

"전무님께서는 A라고 판단하셨지만 데이터를 분석해보니 B라는 결론이 나옵니다."

"데이터가 그렇게 말한다면 B로 결정합시다."

의사결정의 기준이 직관이나 권위가 아닌 데이터가 되는 회사로 거듭나야 했다. 데이터 중심의 의사결정은 진정한 기업 문화 혁신이었다. 나는 그 혁신의 첫걸음을 내디뎠다. 하지 않기 위해 반드시 해야 할 일을 선택한 것이다.

12

AI보다 엑셀, 복잡함 대신 단순함을 택한 이유

'엑셀 경영'이라는 데이터 기반 혁신을 시작할 때 나는 의도적으로 거창한 프로젝트 팀을 꾸리거나 막대한 예산을 확보하는 방식을 취하지 않았다. 그보다는 작게 시작하되 성과가 나올 때까지 끝까지 파고드는 워크맨의 방식을 택했다. 조용히, 그러나 끈질기게.

복잡한 도구의 함정: 전문가와 툴의 한계

데이터 혁신을 한다면서 많은 회사가 외부 데이터 사이언티스트를 영입하거나 값비싸고 복잡한 BI 툴을 도입한다. 하지만 내가 볼 때 이것은 자칫 조직 문화를 망가뜨릴 수 있는 최악의 선택 중 하나다. 전문가만 들여다보는 데이터는 결국 아무 의미가 없기 때문이다.

외부 전문가는 분석 자체에는 흥미를 느낄지 몰라도 우리 회사의 복잡한 현장 문제나 당면 과제에는 놀라울 만큼 관심이 없는 경우가 허다했다. 월급을 받으니 분석은 하지만, 정말 '내 일'처럼 밤낮없이 파고드는 사람은 드물었다. 복잡한 분석 도구도 마찬가지였다. 소수 전문가의 전유물이 되어 대다수 직원에게는 낯설고 어려운 존재로 남았다. 심지어 일부 경영진은 "컴퓨터는 잘 모른다"라면서 데이터 원본을 외면했다.

해법 ① 모두의 도구, 엑셀

워크맨의 데이터 경영 핵심은 소수 전문가가 아니었다. 모든 직원이 데이터를 무기처럼 활용해 스스로 판단하는 역량을 키우는 것이 목표였다. 그래서 가장 익숙하고 단순한 도구인 엑셀을 선택했다. 기술이 부족해서가 아니었다. 오히려 모두가 데이터를 '내 것'으로 여기고 현장 문제를 해결하는 문화를 만들기 위한 현실적이고 강력한 전략이었다. 복잡한 무기가 아닌 누구나 다룰 수 있는 기본적인 무기, 바로 엑셀이었다.

해법 ② 외부 전문가 대신 내부 인재를 키우다

앞서 말했듯이 나는 데이터 혁신을 한다면서 외부 전문가, 이른바 데이터 사이언티스트 같은 사람들을 데려오는 것이 자칫 조직 문화에 해가 될 수 있다고 보았다. 그래서 나는 외부 전문가를 영입하는 대신, 우리 직원들 중에서 분석팀을 만들고 키워나가는 길을 택했다. 특히 분석팀 리더는 반드시 현장을 가장 잘 아는 실무 담당자 중에서 뽑았다. 현장 직원은 구체적인 문제와 개선 과제를 뼛속 깊이 느끼고 있었고 엑셀 경영으로 자신의 문제를 직접 해결해야 할 절박한 동기가 있었다. 그들이 직접 배우고, 현장에서 즉시 실험하고, 결과를 눈으로 확인하는 방식. 이것이 외부 전문가를 모셔오는 것보다 훨씬 효과적이고 지속 가능한 길이라고 나는 확신했다.

현장이 데이터의 주인이다

'단품 관리 프로젝트' 회의를 할 때 내가 반드시 지켰던 원칙은 프로젝트 리더는 반드시 현장을 발로 뛰는 실무형 간부여야 한다는 것이었다. IT 부서 책임자는 리더가 될 수 없다고 못 박았다. 데이터 수집이나 시스템 구축 자체가 목적이 되어서는 안 되기 때문이었다. 현장 업무를 개선하는 도구로 데이터가 사용되어야 했다.

회의의 중심은 늘 '어떤 시스템을 도입할 것인가'가 아니라, '현장의 어떤 문제를 어떻게 개선할 것인가'였다. 사장으로서 나는 엑셀 경영의 필요성을 반복해 설명했다. 만약 상사가 부하 직원이 애써 분석해 가져온 데이터를 '감히 내 경험에 도전하다니'라는 생각으로 외면한다면 그 순간 귀한 데이터는 죽은 정보로 전락할 뿐이다. 리더가 데이터를 믿으면 조직도 데이터로 움직인다. 모든 문화는 위에서 결정된다.

결국 워크맨이 데이터를 성공적으로 활용할 수 있었던 비결은 화려한 기술이나 외부 전문가가 아니었다. 가장 단순하고 손에 익은 도구인 엑셀을 활용하여 현장을 속속들이 아는 우리 직원을 직접 키워내고 '현장 문제 해결'이라는 단 하나의 명확한 목표에 우직하게 집중했기에 가능했다.

워크맨이 걸어온 문화 혁신 6단계

워크맨의 엑셀 경영은 다음 6단계를 차근차근 밟아가며 전 직원이 데이터와 함께 생각하는 문화를 뿌리내리게 했다. 이것은 하나의 문화 혁신 과정 그 자체였다.

1. **경영 계획에 명시하기**: 경영진의 흔들림 없는 의지를 보여주었다.
2. **조기 교육 실시**: 모든 직원이 엑셀을 두려움 없이 활용하도록 했다.
3. **현업 중심 분석팀 구성**: 현장을 아는 직원을 리더로 삼았다.

엑셀 경영을 추진하는 6단계

1 '엑셀 경영'을 경영 계획(중기 비전) 속에 포함시킨다
경영진의 진정성을 보여준다

2 데이터 활용 교육을 조기에 시작한다
전 직원이 분석 소프트웨어를 업무에 활용할 수 있어야 성과가 난다

3 데이터 분석팀을 만든다
현업 업무를 숙지한 직원을 팀 리더로 지정한다

4 데이터 분석팀의 성과를 적극 칭찬한다
끊임없이 칭찬하고 사내 포상을 하면 더 성장한다

5 엑셀 경영의 제약 조건을 없앤다
분석을 통해 장애 요인을 파악하고, 경영진이 즉시 개선한다

6 경영자도 데이터를 활용해 개혁을 추진한다
개혁이 다음 성장 동력이 된다

'전원 참여형' 경영 혁신으로!

4. **성과는 적극적으로 칭찬하기**: 작은 성과라도 끊임없이 칭찬하고 포상했다.
5. **걸림돌은 즉시 제거하기**: 경영진이 책임지고 장애물을 치웠다.
6. **경영자부터 데이터 활용하기**: 솔선수범만큼 강력한 메시지는 없다.

이 6단계가 제대로 작동하려면 상사의 역할 변화가 결정적이었다. 의견을 유연하게 바꿀 줄 아는 사람이 좋은 상사라고 나는 새롭게 정의했다.

상사라도 틀릴 수 있다

워크맨은 작업복 업계에서 40년 넘게 뼈가 굵은 회사였다. 기존 간부의 경험은 존중받아 마땅했지만, 아웃도어 시장 같은 새로운 영역에 뛰어들면 모두 초보자였다. 그래서 먼저 인정해야 했다.

"상사라도 틀릴 수 있다."

이제 상사의 역할은 "이렇게 해!"라고 지시하는 데 있지 않았다. 부하 직원의 분석 결과를 보고 '이를 어디까지 확대 적용할 수 있을까?'를 판단하는 가능성의 확장자가 되어야 했다. 그래서 나는 회의나 대화에서 숨김없이 말한다.

"나 역시 50퍼센트는 틀릴 수 있다."

이는 과거의 감이나 경험만으로는 앞날을 예측할 수 없는 시대라는 솔직한 고백이다.

실제로, 나를 포함한 경영진도 실수를 저질렀다. 한때 '작업복'이라는 단어가 촌스럽게 느껴져 홈페이지와 모든 홍보물에서 '워크웨어'로 바꾼 적이 있다. 하지만 이는 명백한 오판이었다. 나중에 깨달았지만, '작업'이라는 단어에는 단순한 노동을 넘어 숙련된 장인의 전문성과 일본 특유의 장인 정신이라는 강렬한 이미지가 담겨 있었다. '작업복'은 까다로운 장인이 믿고 선택하는 전문가의 옷이라는 신뢰를 함축한 말이었는데 이를 놓쳤다. 피상적인 판단이 브랜드의 핵심 가치를 훼손할 뻔했던 아찔한 순간이었다.

새로운 브랜드 이름을 정할 때도 나는 큰 실수를 저지를 뻔했다. '워크맨 플러스(Workman Plus)'라는 새로운 콘셉트의 매장을 야심차게 론칭하려 했지만 기존의 '워크맨'이라는 이름이 걸려 'WM+' 같은 약칭이나 완전히 새로운 이름을 쓰려 했다. 기존 이미지를 벗고 싶어서였다.

마침 일본의 한 초대형 쇼핑몰 개발 담당 매니저가 나에게 이렇게 조언했다.

"워크맨이라는 이름을 그대로 쓰면 일반 고객에게 절대 안 팔립니다. 완전히 새로운 세컨드 브랜드를 만드는 편이 낫습니다."

그의 말에 전적으로 공감해 'WM+'라는 로고 디자인까지 마쳤다. 그런데 쇼핑몰 소유주인 미쓰이부동산 측에서 예상치 못한 말을 했다.

"'워크맨'이라는 이름을 전면에 내세우지 않으면 우리 쇼핑몰에 입점할 수 없습니다."

그리고는 나를 더 놀라게 만든 한마디를 덧붙였다.

"워크맨은 이미지가 매우 좋습니다."

나는 그들의 의견을 따르기로 했다. 돌이켜보면 이는 정말 신의 한 수였다. 워크맨 플러스는 시장에서 큰 성공을 거뒀고, 그 긍정적 효과는 기존 워크맨 매장까지 퍼졌다. 전체 매장의 평균 매출이 약 30퍼센트 증가하는 놀라운 시너지를 만들었다.

워크맨 플러스 1호점 입지를 정할 때도 회장님의 따끔한 질책과 직원들의 날카로운 반론이 없었다면 실수를 저질렀을 것이다. 긴자에 매장을 내겠다고 주장했을 때 직원의 반대 때문에 현실적인 대안을 찾았다. 나는 사업 초기 손익 계산에 너무 얽매여 평범한 쇼핑몰 입점을 고려했다. 혹시나 해서 수십 년간 업계에서 잔뼈가 굵은 창업자이자 회장님께 조언을 구했지만 돌아온 것은 따끔한 질책이었다.

"첫 번째 점포는 무조건 최고의 위치에 내야 한다."

사업 초기 적자가 날까 봐 겁이 났다. "회장님, 초기 투자 비용이 너무 커 적자가 날지도 모릅니다"라고 조심스럽게 말했지만 회장님은 단칼에 걱정을 날렸다.

"그건 광고비로 생각하면 된다."

도쿄의 번화한 거리인 긴자에 매장을 내려고 알아봤지만 직원의 반대가 빗발쳤다.

"긴자는 구경꾼은 많지만 길가에 진열된 상품은 쳐다보지도 않습니다."

"긴자에 오는 사람은 살 브랜드를 정해놓고 오거나 카페, 식당만 찾습니다."

"그 비싼 곳에 매장을 내면 월세로 매출의 절반 이상을 내야 합니다. 감당할 수 있겠습니까?"

결국 회장님과 직원들의 의견을 따라 계획을 수정했다. 입점 기준을 높여 세련된 건축 디자인과 고급 브랜드가 입점한 프리미엄 쇼핑몰에 첫 매장을 열었다. 이는 워크맨 플러스가 시장에 성공적으로 안착하는 데 결정적인 역할을 했다.

이런 경험을 통해 나는 회의나 직원과의 대화에서 우스갯소리로, 하지만 진심을 담아 말한다.

"내 말만 믿으면 큰일 난다!"

물론 사람인지라 처음 생각이 틀렸음을 인정하고 결정을 바꾸는 건 다소 스트레스다. 그래서 속으로 '나는 유연하게 의견을 바꾸는 능력이 뛰어나다!'라며 스스로 다독인다.

처음 내린 결정은 하나의 가설일 뿐이다. 그 가설에 거리낌 없이 의견을 내는 직원이 있다는 건 감사한 일이다. 당시 의견을 바꾼 덕분에 바보 같은 고집으로 회사에 막대한 손해를 끼칠 뻔한 일을 피했다. 엑셀 경영은 현장의 목소리와 귀중한 깨달음이 자연스럽게 공유되는 선순환을 만들었다. 이것이 워크맨이 변화하고 성장하는 방식이다.

숫자에 속지 마라, 현장을 보라

데이터 경영을 논할 때 내가 안타까워하는 점은 많은 기업이 '상관관계(Correlation)'와 '인과관계(Causation)'를 구분하지 못한다는 것이다. 상관관계는 'A와 B 현상이 관련 있어 보인다'는 정도의 의미일 뿐이다. 반면 인과관계는 'A가 원인이 되어 B라는 결과가 발생했다'는 명확한 관계를 뜻한다. AI나 데이터 사이언티스트는 주로 상관관계를 찾아내는 데 그치고 만다.

데이터 분석가 사이에서 유명한 사례가 있다. 슈퍼마켓에서 기저귀를 구매한 고객이 캔맥주도 함께 사는 '바스켓 분석(동시 구매 분석)' 결과다. 하지만 이는 기저귀와 맥주 구매 간 통계적 상관관계만 보여줄 뿐이다. 이 데이터가 매장 운영에서 어떤 의미를 가지며 어떻게 활용할 수 있는지는 별도의 실험과 현장 검증이 필요하다. 기저귀 옆에 맥주를, 또는 맥주 옆에 기저귀를 진열하는 실험은 어떨까? 매장 담당자라면 단호히 반대할 것이다. 고객 입장에서는 기묘한 조합이기 때문이다. 데이터는 맞을 수 있지만 사업적으로는 실패다.

  데이터를 맹목적으로 신봉하지 않고 현장에서 그 데이터의 진정한 의미를 파악해 현장의 지혜를 바탕으로 데이터를 활용해야 한다. 데이터는 강력한 무기지만 이를 효과적으로 사용하는 건 결국 사람, 특히 현장을 가장 잘 아는 사람이다. 이것이 워크맨이 추구하는 데이터 활용의 본질이라고 나는 믿는다.

ACTION 4

데이터는 나침반이다

핵심 원칙

거창한 시스템이나 외부 전문가 없어도 괜찮다. 익숙하고 단순한 도구(엑셀 등)를 활용하여 데이터를 직접 다루는 경험을 하면서 스스로 생각하고 판단하는 힘을 키울 수 있다.

워크맨's 인사이트

- 기업에 데이터가 없는 것은 현실을 외면하는 셈이며, 데이터 부재는 무엇을 해야 하고 하지 말아야 할지 판단 기준을 흐려 복잡한 일을 만든다.
- 워크맨은 모든 직원이 데이터를 자신의 무기처럼 다루게 하기 위해 가장 단순하고 익숙한 엑셀을 전략적으로 택했다.
- 현장 직원을 분석팀 리더로 삼아 현장 문제 해결이라는 명확한 목표하에 직접 배우고 실험하며 데이터를 활용했다.

적용하기

1단계: 나의 일상 속 데이터

당신의 일상에서 엑셀, 구글 시트, 스마트폰 앱 등 익숙한 도구를 활용하여 부담 없이 기록할 수 있는 데이터는 무엇인가?

(예: 업무별 소요 시간, 특정 활동 빈도, 지출 내역, 학습 시간, 고객 문의 유형 등)

_____
_____
_____
_____

2단계: 해결하고 싶은 문제는?

1단계에서 떠올린 '쉬운 데이터'를 활용하여 더 명확하게 이해하거나 개선하고 싶은 '작은 문제' 또는 '궁금증'은 무엇인가?

(예: 어떤 업무에 시간을 가장 많이 쓰는지 알고 싶다, 특정 활동을 왜 꾸준히 못하는지 알고 싶다, 고객이 가장 자주 문의하는 내용이 무엇인지 알고 싶다 등)

_____
_____
_____
_____

3단계: 나만의 엑셀 경영 첫 실행 계획

2단계의 문제 해결을 위해 데이터를 수집하고 간단하게 분석하는 첫 실행 계획을 구체적으로 세워보자.

사용 도구:
_____
_____

수집/분석할 데이터 항목:
_____
_____

구체적인 실행 계획:

(예: 매일 특정 업무 마감 후 소요 시간을 엑셀 파일에 기록하기, 일주일간 들어온 고객 문의 내용 간단히 분류하여 개수 세기 등)

_____
_____
_____
_____

PART 5

지속

끝까지 해내는 힘

13

**워크맨식 시스템 구축법:
완벽 대신 진화를 택하다**

당신이 만약 어떤 조직을 이끌고 있거나, 혹은 당신의 인생 자체를 하나의 시스템으로 만들고 싶다면 지금부터 내 말에 귀를 기울여라. 많은 사람이 '시스템 구축'이라는 말만 들으면 지레 겁부터 먹는다. 뭔가 거창하고, 복잡하고, 한번 만들면 절대 수정할 수 없는 완벽한 청사진 같은 걸 떠올리기 때문이다.

미안하지만 그건 아주 위험한 착각이다. 처음부터 완벽한 시스템을 만들겠다는 망상은 십중팔구 완벽한 쓰레기를 탄생시킬 뿐이다. 내가 워크맨에서 직접 경험하고 깨달은, 그리고 당신에게도 반드시 알려주고 싶은 시스템 구축의 핵심은 정반대에 있다. 바로 '작게 시작해서, 끊임없이 진화시키는 것'이다.

워크맨에서 자동 발주 시스템은 회사의 심장과도 같다. 전국의 모든 매장이 알아서 최적의 상품과 재고를 유지하게 한다. 이게 얼마나 강력한 무기인지 상상이나 되는가? 이 시스템이 완성되면 워크맨은 말 그대로 무적의 군단이 될 터였다.

하지만 이 시스템이 완성까지 10년이 걸릴지, 20년이 걸릴지 아무도 몰랐다. 그럼에도 불구하고 우리가 여기에 시간과 노력을 쏟아부은 이유는 단 하나, 언젠가 이 시스템이 완성되면 파괴력이 상상을 초월할 것이라는 확신 때문이었다.

그리고 이 지루하고 긴 시스템 구축 과정에서 워크맨의 핵심 원칙은 여지없이 빛을 발했다.

"쓸데없는 건 다 쳐내고, 핵심만 남겨서, 일단 작게 시작하고, 계속 고쳐나간다."

이게 전부다. 복잡할 게 하나도 없다.

① 처음부터 완벽을 추구하지 않는다

정보 시스템을 만들 때 가장 위험한 함정은 처음부터 완벽을 꿈꾸는 것이다. 워크맨은 철저히 반대 방향으로 갔다. 우리가 처음 도입했던 자동 발주 시스템은 놀랄 만큼 단순했다. 제품 하나가 팔리면 자동으로 하나를 다시 채워 넣는 방식이었다. 복잡한 기능보다 중요한 것은 우선 가맹점들이 이 새로운 방식 자체에 거부감 없이 익숙해지도록 만드는 것이었다.

IT 시스템을 만드는 외부 업체가 회사의 복잡한 속사정을 처음부터 완벽하게 알 리 없다. 반대로 직원 역시 IT 기술에는 문외한이다. 서로 잘 모르는 사람들이 처음부터 복잡하고 거창한 시스템을 만들려고 달려들면 결과는 뻔하다. 실패할 확률이 대단히 높다.

그래서 나는 항상 가장 기초적인 시스템을 최대한 작게 먼저 만드는 방식을 고집했다. 그리고 시스템을 실제로 써보면서 필요한 것을 하나씩 붙여나가는 식으로 확장했다. IT 시스템 개발에서 핵심은 바로 테스트를 통한 검증이다. 필요한 기능이 100가지라면 가장 핵심적인 10가지만 먼저 만든다. 그리고 현장에서 직접 돌려보면서 피드백을 듣고, 문제점을 찾고, 진짜 필요한 기능이라고 판단되면 그때 다시 10가지 기능을 덧붙인다. 이를 반복하는 거다.

많은 기업이 처음부터 100가지 기능을 다 구겨 넣으려 한다. 하지만 실제로 꾸준히 사용하는 기능은 고작 10~15개 남짓이다. 나머지 85개는 괜히 시스템만 무겁게 만드는 '낭비'일 뿐이다. 처음부터 완벽한 쓰레기를 만드는 것보다 가장 중요한 10가지 기능이라도 제대로 만들어 꾸준히 개선하는 편이 훨씬 현명하다. 이것이야말로 훨씬 더 효율적이고 실패 없는 방식임을 나는 워크맨의 시스템 구축 과정에서 다시 한번 확인했다.

주차장 조사에서 찾은 힌트

엑셀 경영을 직원에게 가르치기 위해 나는 직접 현장 조사의 본보기를 보이기로 했다. 질문은 단순했다.

'도쿄 시내에 워크맨 매장을 낸다면 주차장은 최소 몇 대짜리가 필요할까?'

수도권 매장 몇 군데를 돌며 직접 주차장 조사를 시작했다. 차가 들어온 시간, 나간 시간, 매장 체류 시간, 차종, 동반 인원, 고객 유형(작업자/일반)까지 꼼꼼히 기록했다.

한 달쯤 주차장 앞에서 죽치고 앉아 차 번호판만 들여다보고 있으니 별의별 일도 다 겪었다. 하루는 경찰이 와서 "수상한 사람이 어슬렁거린다"는 신고를 받고 출동했다며 나를 검문하기도 했다. 내가 워크맨 본사 직원이고, 주차장 규모 산출을 위해 조사 중이라고 설명하고 노트를 보여주니 그제야 의심을 풀고 돌아갔다.

조사 결과는 놀라웠다. 연 매출 2억 엔 매장에 필요한 주차 공간은 고작 여섯 대면 충분하다는 계산이 나왔다. 작업복을 사러 오는 손님들은 평균 5분, 바쁠 때 3분도 채 머물지 않았다. 필요한 물건만 사고 바로 나가는 사람이 대부분이었다. 재미있는 발견은 여럿이 함께 올수록 체류 시간이 길어진다는 점이었다.

하지만 이 데이터를 활용해 새로 문을 여는 매장의 매출을 예측하려던 시도는 실패했다. 매장 주변 산업 종사자 수, 유동 인구, 역과의 거리, 신호등 위치 등 온갖 요소를 다 끌어모아 다중 회귀분석을 돌려봤지만, 매출과의 뚜렷한 상관관계를 찾아내지 못했다. 데이터는 충분했지만 명쾌한 답이 나오지 않았다. 때로는 데이터만으로 풀 수 없는 문제도 있다는 것을 인정해야 했다.

하나의 매장, 두 개 간판 전략

내가 워크맨으로 옮겼다는 소식을 들은 옛 종합상사 시절 동료들은 하나같이 걱정스러운 목소리였다.

"츠치야 씨, 워크맨이라니 괜찮아요? 지나갈 때마다 보면 주차장이 늘 텅텅 비어 있던데…"

틀린 말은 아니었다. 실제로 많은 사람이 한낮의 워크맨 주차장은 썰렁하다고 이야기했다. 하지만 워크맨의 영업 방식을 몰라서 하는 소리였다. 워크맨 매장은 아침 7시에 문을 열고, 주 고객은 주로 출퇴근길에 들른다. 한낮에 주차장이 비어 보이는 건 당연했다. 며칠 동안 주차장 앞에서 차량 시간을 기록하며 쪼그려 앉아서 생각에 생각을 거듭했다.

'이 텅 빈 낮 시간을 그냥 놀릴 게 아니라 어떻게든 활용할 방법은 없을까?'

'마치 한 밭에서 두 가지 작물을 키우듯 같은 공간으로 이모작

워크맨 플러스 사이타마 사치카와점의 시간대별 외관

오전 7~10시, 오후 4시 30분~8시는 현장 작업자를 위한 '워크맨'

↓

간판에 '변신 중' 표시

↓

오전 10시~오후 4시 30분은 일반 고객을 위한 '워크맨 플러스'
매장 간판이 'WORKMAN Plus'로 자동 전환

을 할 수는 없을까?'

이 단순한 질문이 훗날 워크맨 플러스의 핵심 아이디어 중 하나인 변신형 매장으로 이어졌다. 같은 점포라도 시간대에 따라 전혀 다른 가게로 운영하기로 한 것이다. 아침과 저녁에는 작업자를 위한 워크맨으로, 한낮에는 일반 소비자를 위한 워크맨 플러스로 말이다. 매장 앞에는 교체 가능한 간판을 준비하고 시간대에 맞춰 마네킹 옷차림, 조명, 음악, 심지어 향기까지 바꿨다. '손님이 없어 하지 않는 시간'처럼 보였던 한낮의 빈 주차장에서 우리는 과거에는 하지 않던 일을 할 새로운 기회를 발견한 셈이다.

② 소수만 참여하는 건 하지 않는다

소수 정예로는 기업 문화를 바꿀 수 없다. 나는 처음부터 데이터 분석을 소수의 전문가에게만 맡길 생각이 없었다. 엑셀 경영은 전원이 참여해야만 의미가 있다. 하지만 회사에 IT 전문가가 없었기 때문에 처음부터 높은 수준을 기대하기는 어려웠다. 젊은 직원들과 함께 엑셀 기초부터 차근차근 시작했다. '최소한 모든 직원이 데이터를 읽고 활용할 수 있으면 된다'는 마음으로.

그런데 예상치 못한 일이 벌어졌다. 연수를 시작하자 의외로 데이터를 사랑하는 마니아가 나타났다. "밥 먹는 것보다 데이터 분

직원에게 요구되는 세 가지 역량

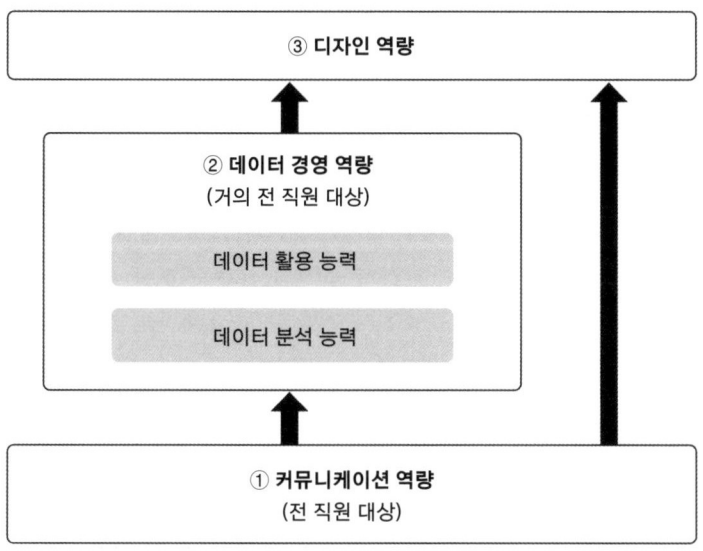

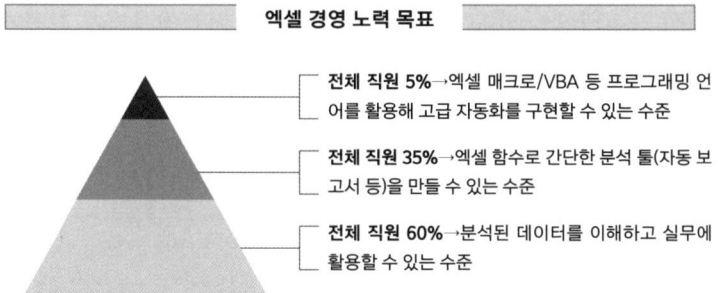

석이 더 좋다"라고 말하는 데이터 사이언티스트에 버금가는 열정을 가진 직원들이었다. 그들은 엑셀을 가지고 놀듯 분석 도구를 만들고, 심지어 스스로 프로그램까지 짜기 시작했다. 그러더니 누가 시키지 않았는데도 몰입하고 성장했다. 그때 나는 확신했다.

'흥미는 결국 모든 재능을 뛰어넘는다.'

그들의 잠재력을 키워주는 것이 회사 전체의 성장을 앞당기는 길이라 판단하여 우리는 계획에 없던 '중급자용 데이터 분석 연수'를 추가로 개설했다. 워크맨이 직원에게 기대하는 역량은 크게 세 가지 축(커뮤니케이션 능력, 데이터 경영력, 디자인력)인데 데이터 경영력은 이제 거의 모든 직원이 반드시 갖춰야 할 핵심 능력이 되었다.

① **커뮤니케이션 능력:** 모든 비즈니스맨이 갖춰야 할 가장 기본적인 소양이다. 워크맨에서는 입사 1~2년 차 직원이라면 예외 없이 직영점에서 근무하며 커뮤니케이션 연수를 받는다. 현장의 고객과 직접 부딪히며 소통의 기본을 다지는 것이다.

② **데이터 경영력:** 거의 모든 직원이 반드시 갖춰야 할 핵심 능력이다. 워크맨에서 일하려면 숫자를 읽고 활용할 줄 알아야 한다.

③ **디자인력:** 주로 제품 개발 부서에 소속된 직원들에게 요구되는 전문 능력이다.

③ 목표는 있되, 기한은 없다

처음 엑셀 활용 연수를 시작할 때 우리는 구체적인 목표를 설정했다.

- ★ 데이터 활용 가능 직원 60퍼센트
- ★ 엑셀로 자체 분석 도구를 만들 수 있는 직원 35퍼센트
- ★ 프로그래밍 언어(VBA)까지 다룰 수 있는 상급 직원 5퍼센트

솔직히 8년 반이 지난 지금도 아직 이 목표를 완전히 달성하지는 못했다. 하지만 우리는 조급해하지 않는다. 워크맨에는 '기한을 정하지 않는다'는 중요한 원칙이 있다. 5년이 걸리든, 10년이 걸리든 상관없다. 중요한 것은 방향이다. 포기하지 않고 꾸준히 나아가면 된다.

④ 어려운 시험으로 사람 잡지 않는다

많은 회사에서 새로운 기술이나 지식을 가르칠 때 실력 검증이라는 명목으로 어렵고 까다로운 시험을 치르게 한다. 당신은 혹시 시험 점수가 그 사람의 진짜 실력이라고 착각하고 있는가? 미안하지만 그런 시험은 배우는 사람의 뇌에 '이건 어렵다', '나는 안 된다'

는 낙인만 찍어 데이터 기피증, 업무 공포증 환자만 양산할 뿐이다. 뇌를 효율적으로 쓰는 것이 아니라, 학대하는 셈이다.

워크맨은 교육의 핵심을 어려운 시험으로 사람을 선별하는 것이 아니라, 쉬운 시험으로 자신감을 심는 것에 둔다. 그래서 데이터 연수 시험은 일부러 쉽게 출제된다. 평균 점수는 약 90점이 되도록 설계한다. 점수를 잘 받으면 직원은 스스로에게 "어? 나도 제법 하는데? 이거 할 만하네!" 하는 긍정적인 자기 효능감, 즉 자신감을 느끼기 마련이다.

처음에는 IT 기기에 능숙한 직원이 거의 없었기에 젊은 직원 중심으로 엑셀 기초부터 차근차근 가르쳤다. 2014년 이후로는 모든 신입 사원이 입사 후 3~4년에 걸쳐 총 4회의 하루짜리 데이터 연수를 의무적으로 받도록 제도를 만들었다.

★ **점장 시기**(입사~2년 차): 매장 점장으로 근무하며 2년간 총 2회의 데이터 분석 연수를 받는다. 워크맨의 데이터 분석 시스템인 데이터컴의 'd3'라는 기초 도구 사용법을 배운다.

★ **점포활성부 시기**: 점포 리뉴얼이나 신규 매장 오픈 업무를 담당하며 추가로 1회의 연수를 받는다. 좀 더 실무적인 'd3 활용법'과 '엑셀을 이용한 분석법'을 익힌다.

★ **슈퍼바이저 시기**: 영업직인 슈퍼바이저가 되면 다시 한번 'd3 심화 연

수'로 분석 능력을 한 단계 더 끌어올린다.

연수가 끝나면 반드시 시험을 치른다. 그런데 여기서 내가 고집하는 원칙이 바로 '평균 90점 원칙'이다. 어려운 시험으로 데이터 기피증 환자를 만드는 것보다, 작은 성공 경험을 통해 '나도 할 수 있다'는 자신감을 심어주는 것이 훨씬 강력한 교육이라고 믿기 때문이다. 작은 자신감이 씨앗이 되어 실제로 데이터를 두려워하지 않고 업무에 적극적으로 활용하는 능력 향상으로 이어진다. 잘하는 점을 찾아 칭찬하고 자신감을 불어넣어 주는 것이야말로 교육의 기본이다.

처음에는 입사 초기의 직원만 대상으로 했지만, 시간이 흘러 간부가 될 즈음이면 힘들게 배운 내용을 잊어버리는 문제가 있었다. 그래서 현재는 계장 이상, 팀장이나 매니저 같은 간부 직원들도 매년 정기 연수를 통해 기본 수준을 유지하고 발전시킨다. 매니저급 이상을 위한 '간부 스킬업 연수'나 '분석 세미나', 지역 책임자급 이상을 위한 '데이터 사이언스 검토회' 같은 별도의 심화 연수 프로그램도 운영한다.

놀랍게도 사장인 고하마 씨 역시 이 모든 연수에 빠짐없이 참여한다. 사장이 젊은 직원들과 나란히 앉아 연수를 받는 모습은 아마 다른 회사에서는 쉽게 찾아보기 어려운 광경일 것이다. 리더의 솔선수범만큼 강력한 메시지는 없다.

워크맨의 모든 교육 시스템은 한 가지 원칙으로 귀결된다. 사람의 뇌는 실패와 비난보다는 성공과 칭찬에 훨씬 잘 반응한다. 특히 새로운 분야에 대한 두려움을 없애고 스스로 시도하게 만들려면, 초기에 작은 성공 경험을 반복적으로 심어주는 것이 가장 중요하다. 90점 시험은 그 핵심 전략 중 하나다. 이것이 바로 자신감이 실력을 만드는 마법이다.

⑤ 신입에게 성과는 기대하지 않는다

대부분의 회사는 신입 사원에게 입사하자마자 성과를 내놓으라고 압박한다. 몇 달 안에 눈에 보이는 결과물을 만들고, 매출에 기여하라고 채찍질한다. 당신은 이런 환경이 과연 사람을 성장시키고 조직을 강하게 만든다고 생각하는가?

하지만 워크맨은 정반대다. 신입에게 당장의 매출 성과를 전혀 기대하지 않는다. 그보다 훨씬 중요한 것에 집중한다.

워크맨에는 본사가 직접 운영하는 직영점과 개인 사업자가 운영하는 가맹점 두 가지 형태의 매장이 있다. 신규 매장은 일단 직영점으로 문을 열고 일정 수준의 매출 궤도에 오르면 가맹점으로 전환하는 구조인데, 이 직영점에 주로 입사 1~2년 차의 본사 신입사원이 점장으로 배치된다. 그리고 이 직영점은 사내에서 '교육 전용 매장'으로 통한다.

가장 놀라운 점은 이곳에서는 매출 실적을 전혀 평가하지 않는다는 사실이다. 회사의 철학은 명확하다.

"신입 사원에게 매출 성과를 기대하지 마라! 그보다는 한 사람의 능력과 성장을 키워내는 것이 훨씬 중요하다."

당장의 숫자에 연연하며 사람을 갈아 넣는 대신, 미래를 위한 투자를 한다.

물론 워크맨은 취급하는 제품 가짓수만 약 9천 종에 달한다. 1년 차 직원은 솔직히 제품 이름을 외우는 것만으로도 벅찬 것이 현실이다. 하지만 2년 차가 되면 조금씩 숨통이 트이고 이때부터 현장에서 데이터를 활용한 다양한 실험을 시도해볼 여유가 생긴다.

신입 직영점 점장이 평가받는 것은 바로 이 작은 실험과 데이터 분석 과정이다. 매출 실적이 아니라 숫자를 근거로 얼마나 현명하게 가설을 세우고, 실행하고, 결과를 분석하는지를 본다. 상품 진열 방식을 바꿔보거나 다른 홍보 문구를 테스트하는 식이다. 'A 제품과 B 제품 중 어떤 것을 더 눈에 잘 띄게 배치했을 때 판매량이 늘어날까?', '두 가지 다른 홍보 문구 중 어떤 것이 고객의 구매를 더 효과적으로 유도할까?'와 같은 아주 사소해 보이는 사항이라도 끊임없이 가설을 세우고 실행하고 데이터를 통해 검증하는 것이다.

매달 데이터를 활용한 작은 실험 결과를 보고서로 작성하면 분석팀 리더와 팀원들이 피드백을 준다. 만일 보고서가 뛰어나면 멘토를 붙여주거나 심화 교육 기회를 제공한다. 기존 직원에게 데이터 경영은 새롭게 배워야 할 것이지만 이 신입 사원에게는 입사 순간부터 데이터를 활용하는 것이 너무나 당연한 업무 환경이 된다. 이들은 자연스럽게 데이터 중심의 사고를 하게 된다. 이곳에서 쌓는 기초 지식과 경험, 그리고 '실패해도 괜찮다'는 안전한 환경에서의 실험 정신은 회사 생활 내내 강력한 자산이 된다.

워크맨이 데이터 경영을 성공적으로 회사 전반에 뿌리내릴 수 있었던 토양은 바로 이것이다. 당장의 성과보다는 사람의 성장을 기다릴 줄 아는 문화 말이다. 단기적인 성과 압박보다는 안전한 환경에서의 실험과 시행착오, 그리고 그 과정 속에서 배우고 발전한다는 사실을 이해하고 존중한 결과다.

⑥ 실패를 두려워하지 않는다

당신은 실패하는 것을 두려워하는가? 그래서 완벽한 계획이 세워질 때까지 아무것도 시작하지 못하고 책상 앞에 앉아 시간만 보내는가? 대부분의 회사에서는 실패하면 문책당하고 불이익을 받으니 그럴 만도 하다. 실패는 곧 '능력 없음'으로 직결되는 공포스러운 단어다.

하지만 워크맨의 직영점은 다르다. 이곳은 실패를 두려워하지 않고 도전에 익숙해지게 만드는 훈련장이다. 경영진이 실패를 용납하지 않으면 직원들은 위험 부담이 큰 도전을 피하게 된다. 그런 환경에서는 아무도 나서서 새로운 방법을 시도하지 않는다. 그저 하던 대로 안전한 길만 선택할 뿐이다.

나는 항상 강조한다. 책상에 앉아 완벽한 기획을 하느라 시간을 허비하기보다는 일단 작게라도 행동으로 옮기는 것이 훨씬 낫다고. 사람의 뇌는 머릿속 상상만으로는 제대로 배우지 못한다. 현실 세계에 부딪히고 깨지면서 가장 빠르게 학습한다.

데이터 분석만으로는 '이것과 저것이 관련 있구나' 정도인 상관관계밖에 알 수 없다. '왜 그런 결과가 나타나는가?'에 대한 진짜 이유, 즉 인과관계를 증명하려면 끊임없이 가설을 세우고 실험하는 수밖에 없다. 여기서 실패는 필수 과정이다. 실패는 결코 끝이 아니다. 실패했다는 것은 '아, 이것은 정답이 될 수 없는 가설이다'라고 깨닫고 정답 목록에서 확실하게 지웠다는 의미다. 실패는 정답을 향해 나아가는 과정의 일부일 뿐이다.

젊은 직원은 종종 기존의 틀에 얽매이지 않는 기발한 아이디어를 내놓는다. 워크맨 플러스라는 새로운 매장 형태가 등장하기 전까지 워크맨 매장에는 마네킹 하나 없었고 옷을 보려면 진열대에서 직접 꺼내 펼쳐봐야 했다. 그런 딱딱한 분위기 속에서 입사 2년 차의 한 젊은 점장이 스스로 간이 마네킹을 만들어냈다. 옷걸이에 상의를 걸고 안쪽에 신문지 같은 충전재를 넣어 부풀리고 바지에는 골판지를 덧대 끈으로 매달아 상하의 코디를 한눈에 볼 수 있게 진열한 것이다. 주변에서는 "굳이 저런 것까지 해야 하나?"라며 의아해했지만, 놀랍게도 그 점장이 만든 간이 마네킹에 걸린 제품은 실제로 꽤 좋은 판매 성과를 거두었다. 실패를 두려워하지 않는 작은 시도가 예상치 못한 성공을 낳기도 한다는 것을 보여주는 생생한 예다.

    워크맨의 엑셀 경영, 데이터 경영은 단순히 기술 교육에 그치지 않았다. 실패를 용인하는 문화, 리더의 확고한 의지, 그리고 현장의 자발적인 참여가 유기적으로 어우러져 비로소 뿌리내릴 수 있었다.

14

데이터 구경꾼 말고 선수를 키워라

워크맨의 슈퍼바이저 부서는 전국 각지의 가맹점을 순회하며 매장 운영 상태를 점검하고 매출 향상을 위한 개선 방안을 제안하는 중요한 역할을 한다. 이들은 가맹점의 다양한 업무 데이터를 숫자로 파악하고 관리한다. 직영점에서 엑셀 경영 네이티브로 성장한 젊은 점장은 입사 3년 차가 되면 대부분 슈퍼바이저부서로 이동한다.

나는 이 부서 직원을 제대로 육성하는 것이 엑셀 경영을 회사 전체에 확산시키는 데 결정적인 역할을 할 것이라고 생각했다. 데이터 활용 능력이 현장에 직접적인 영향을 미치는 최전선이기 때문이다.

데이터를 단순히 '보는 것'만으로는 부족하다는 판단이었다. 그들은 데이터를 '가지고 놀 수 있도록', 즉 사용자가 직접 데이터를 조합하고 가공하여 현장에서 필요한 분석을 자유자재로 해내는 비정형 분석 능력을 키워야 했다. 이것이 바로 데이터 구경꾼을 넘어 데이터 선수를 키우는 과정이다.

그래서 기존의 연수와는 별개로, 이들을 위한 좀 더 실천적이고 심화된 스터디 모임을 운영하기 시작했다. 이 과정에서 뛰어난 재능을 보이며 데이터 분석에 강점을 보이는 중견 직원이 자연스럽게 나타났다. 그래서 이들 중 희망자를 선발하여, 전국 120명 SV 중 20명의 정예 멤버로 분석팀을 만들었다. 이들은 엑셀 함수와 매크로까지 자유자재로 다루며 현장에서 필요한 분석 도구를 직접 개발하고 공유하는 역할을 맡았다. 단순히 자기 업무만 잘하는 것을 넘어, 회사 전체의 데이터 활용 능력을 끌어올리는 핵심 조직이 된 것이다.

분석팀의 활약은 다른 부서에도 긍정적인 영향을 미쳤다. 자발적으로 부서 내 분석 모임을 만들고, 부서 간 벽을 허물고 모여 서로의 성과를 공유하고 배우는 자리까지 자연스럽게 마련되었다.

물론 처음부터 순탄했던 것은 아니다. "하던 대로 하면 되지 뭘 데이터를 가지고 유난이냐", "본사 일이나 잘해라"는 식의 직속 상사의 반대나 곱지 않은 시선도 있었다. 하지만 "우리 회사는 데이터로 경영하는 회사다"라는 사장님의 단호한 메시지가 반복되면서 반대 의견은 힘을 잃었다. 사장님 역시 이 스터디 모임과 분석팀 회의에 빠짐없이 참석하여 엑셀 경영에 대한 변함없는 지지와 강력한 실행 의지를 보여주었다. 리더의 솔선수범만큼 강력한 메시지는 없는 법이다.

이렇게 워크맨의 엑셀 경영은 시스템 도입이나 기술 교육에 그치지 않았다. 소수의 데이터 선수를 집중 육성하고, 그들이 회사 전체에 데이터 활용 문화를 확산시키는 허브가 되게 하며, 리더의 강력한 의지로 변화를 이끌어낸 결과다.

데이터 잘 쓰는 사람에게 확실한 당근을 준다

사람은 보상받는 행동을 반복하게 되어 있다. 이게 인간 뇌의 기본적인 작동 원리다. 아무리 좋은 시스템을 만들어도, 아무리 기술 교육을 시켜도, 결국 무엇을 보상하느냐에 따라 사람들의 행동은 달라진다. 회사가 무엇을 중요하게 생각하는지를 보여주는 가장 강력한 메시지는 바로 보상이다.

많은 회사가 데이터 경영, 디지털 전환을 외치지만 막상 보상은 예전 방식대로 주는 경우가 대부분이다. 매출 몇 백억을 올린 영업왕, 세상에 없던 획기적인 제품을 기획한 연구원, 100만 장 이상 팔린 히트 상품을 만든 직원 등 영웅에게만 스포트라이트가 비추어진다. 데이터 분석으로 효율을 몇십 퍼센트 개선해도, 눈에 보이는 매출이나 제품처럼 화려하지 않으면 인정받기 어렵다.

워크맨은 달랐다. 엑셀 경영이 구호에 그치지 않도록 데이터를 통해 의미 있는 성과를 낸 직원에게 확실한 당근을 주었다.

앞서 이야기한 분석팀에 참여하여 데이터 활용 문화를 주도한 직원은 회사 내에서 변화와 혁신을 주도하는 인재로 확실하게 인정받았다. 인사 평가에서 좋은 점수를 받고, 본인이 원하는 부서로 이동할 기회를 우선적으로 얻었다. 워크맨에서는 데이터 분석 능력을 통해 기여한 직원도 표창을 받기도 했다. 이는 회사가 무엇을, 어떤 능력을 가장 중요하게 생각하는지를 전 직원에게 보여주는 강력한 메시지였다. "이제 우리 회사에서 인정받고 성공하려면 데이터를 잘 써야 한다!"라는 사장님의 무언의 선언과도 같았다.

리더 선발에서도 마찬가지였다. 점포 자동 발주 시스템을 설계하고 설정하는 핵심 팀의 리더로 SV부장(영업부장) 출신을 발탁한 것 역시 같은 맥락이다. 점포의 최적 재고를 데이터를 통해 구현하는 것이 영업부장의 가장 중요한 임무 중 하나였기에, 이 역할에 가장 적합한 경험과 데이터 분석 능력을 갖춘 인물을 임명했다. 자동발주설정팀에서 리더 역할을 하며 경험을 쌓은 인물은 자연스럽게 부서원에게도 데이터 분석의 노하우를 전수할 수 있었다. 리더가 곧 데이터 활용의 모범이 된 것이다.

더 나아가 부장급 승진 필수 조건에도 '데이터 활용 능력'을 명시적으로 포함시켰다. 데이터 분석에 능숙한 사람을 리더로 발탁하고 승진시킴으로써 엑셀 경영의 토대는 더욱 단단하게 확장되었다. 단순히 데이터를 아는 것을 넘어, 데이터를 실제 업무에 적용하고 결과를 만들어내는 사람이 리더가 되는 구조를 만든 것이다.

이렇게 워크맨의 엑셀 경영은 단순히 시스템 도입이나 기술 교육에 그치지 않았다. 데이터 활용 능력을 가진 사람에게 확실하게 보상하고, 성장 기회와 리더십을 부여하는 강력한 동기 부여 시스템이 뒷받침되었기에 성공할 수 있었다.

평범한 사람을 '데이터 전사'로 만든다

데이터 활용이 가져온 회사 문화의 변화를 확인하기 위해 직원들의 접속 기록을 조사해봤다. 데이터를 적극적으로 활용하는 상위 10명과 그렇지 않은 하위 10명의 차이는 명확했다. 가장 데이터를 자주 들여다본 직원은 3개월 동안 무려 1,934번이나 시스템에 접속한 반면, 가장 적게 활용한 직원은 고작 127번 접속하는 데 그쳤다. 접근 횟수만으로도 15배 이상의 차이가 났다. 데이터를 잘 활용하는 직원은 명확한 숫자와 객관적인 분석 결과를 바탕으로 점장을 설득했고 자신의 의견에 대한 확신과 자신감을 얻었다.

데이터 활용의 상위·하위 분석

> 슈퍼바이저가 하루 5회 이상 데이터 분석 소프트웨어를 사용

> 사용 빈도가 높아 태블릿 아이패드(iPad)를 도입

9월 1일 ~ 11월 29일 접속 횟수 상위 슈퍼바이저

No.	접속 횟수	지역	직책
1	1934	아이치	담당
2	1001	아이치	담당
3	969	효고	담당
4	941	분석팀	매니저
5	885	야마나시	부장
6	814	군마	매니저
7	790	치바	매니저
8	748	치바	담당
9	714	직영	담당
10	707	히로시마	담당

평균 접속 수: 336 회

9월 1일 ~ 11월 29일 접속 횟수 하위 슈퍼바이저

No.	접속 횟수	지역	직책
126	185	와카야마	담당
127	163	후쿠오카	매니저
128	127	도치기	치프

특히 성과가 저조했던 직원이 엑셀 경영을 계기로 눈부시게 성장하는 모습을 여러 차례 목격했다.

1. 소극적 추종자에서 확신에 찬 리더로: 슈퍼바이저 A

이전까지 슈퍼바이저 A는 소극적인 추종자에 가까웠다. 늘 자신 없어 하는 태도로 조심스러운 제안만 겨우 내놓는 사람이었다. 현장 경험 많은 점장 앞에서 그의 목소리는 쉽게 묻혔다. 하지만 엑셀 경영을 경험하고 데이터를 다루는 능력을 키운 후 그의 어조는 확연히 달라졌다. 이제 그는 망설임 없이 단호하게 말했다.

"점장님, 이렇게 하셔야 합니다. 이유는 데이터가 명확히 보여줍니다."

그는 심지어 데이터를 가공하지 않고 날것 그대로 점장에게 보여주었다. 정제되지 않은 원본 데이터가 현장에서 더 큰 신뢰감을 준다는 것을 깨달아서다. 데이터는 단지 숫자가 아니라 실제 매장의 실적, 지역 평균과의 비교를 보여주는 가장 강력한 증거였다. 데이터라는 강력한 무기를 손에 쥔 A는 현장에서 점장의 신뢰를 얻고 존재감을 높이며 확신에 찬 리더로 변신했다. 소극적이었던 그는 데이터 덕분에 발언권과 영향력을 가진 핵심 인물이 되었다.

2. 내향인에서 데이터 전문가로: 슈퍼바이저 B

슈퍼바이저 B는 내향적이고 목소리가 크지 않았다. 산전수전 다 겪은 가맹점 점장 앞에서 "뭘 안다고 그러냐"며 무시당하기 일쑤였다. 감과 경험이 지배하던 영업 현장에서 그의 조용한 성격은 오히려 걸림돌처럼 보였다. 하지만 엑셀 경영 연수는 전환점이 되었다. 데이터는 그에게 세상을 보고 문제를 해결하는 새로운 사고방식을 열어주었고, 아예 데이터 분석팀에 자원하여 실질적인 능력을 키웠다. 그의 말투는 여전히 수수했지만 이제 손에는 이전과는 비교할 수 없이 강력하고 든든한 무기인 데이터가 쥐어져 있다.

"점장님, 이 제품 발주하시면 매장 수익이 확실히 더 늘어납니다."

객관적인 데이터로 뒷받침된 그의 말은 점장에게 깊은 신뢰를 주었고, B는 점차 자신감을 되찾고 우뚝 섰다. 이후 영업기획부로 이동하여 A/B 테스트 등 철저한 데이터 기반 업무 방식을 실천하며 조직 전체가 신뢰하는 핵심 인재로 거듭났다. 데이터는 B에게 잠재된 자신감을 깨우고 그의 조용한 목소리를 세상에 힘 있게 전하는 강력한 확성기가 되어주었다.

3. 투명인간에서 달인으로 거듭난 C

슈퍼바이저 C는 늘 조용하고 눈에 잘 띄지 않아 '존재감이 없다'는 평가를 받곤 했다. 하지만 그에게는 방대한 제품 지식과 뛰어난 데이터 감각이 숨겨져 있었다. 다만 자신감 부족으로 빛을 보지 못했을 뿐이다. 데이터 분석 강습회 강사 경험은 그의 인생을 바꾸었다. 그는 데이터를 통

슈퍼바이저가 활용하는 분석 툴

분석 툴		접근 비율	툴 기능 요약
d3 모델	i-Basic(정형 분석)	50.0%	임의 데이터 추출
분석팀 제작	제품 찾기	10.0%	품번·제품 검색
d3 모델	**i-Reporter(사용자 커스터마이즈)**	7.0%	d3 맞춤형 조회 화면
d3 모델	i-Best(점포별 판매 비교)	7.0%	각 점포 판매 현황 체크
d3 모델	i-Comp(전년 대비 매출)	5.0%	개별 점포 전년 대비 비교
분석팀 제작	**개별 점포 클러스터·전점 동향**	3.0%	지역 특성 아이템 산출
분석팀 제작	미도입 제품 발견	2.0%	미도입 제품 리스트화
분석팀 제작	색·사이즈별 구성비 확인	1.0%	색상·사이즈 구성비 산출
분석팀 제작	매장 재고 산출	0.5%	매장·카테고리·시즌별 재고
분석팀 제작	판매 피크	0.5%	월별 판매 피크 계산
분석팀 제작	클래스별 판매 구성비 분석	0.5%	점포 클래스별 매출액 산출
분석팀 제작	단종 아이템 산출	0.2%	가맹 종료 시 하한 재고 파악
분석팀 제작	**지역 특성 아이템 산출**	0.2%	지역 특성 아이템 산출
분석팀 제작	부동(滯積) 재고 산출	0.2%	장기 체류 재고 산출
그 외		13.0%	
합계		100%	

* 굵게 표시된 항목은 '상급 툴'을 의미한다

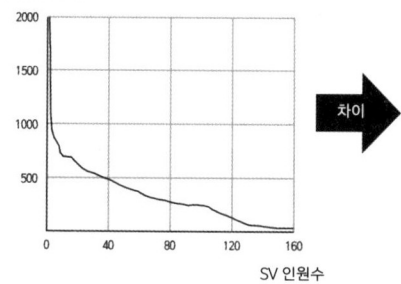

접속 건수 상위 슈퍼바이저
• 지역 평균 판매량이 머릿속에 자리 잡혀, 자신감을 갖고 각 점장을 설득할 수 있다

접속 건수 하위 슈퍼바이저
• 점포와 교류를 깊게 하여 우선 관심을 갖도록 유도한다
• 신뢰 관계를 통해 점장에게 제안을 실행하도록 한다

* 가로축: 직원 수, 세로축: 접속 수

해 자신의 지식을 체계적으로 설명하는 과정에서 조금씩 자신감을 쌓았다. 이후 가맹점 현장에서 담당 매장의 재고와 판매 데이터를 꿰뚫으며 두각을 나타냈고, 데이터를 바탕으로 당당하게 자신의 의견을 펼치기 시작했다. 데이터는 그의 목소리에 힘을 실어주고 희미했던 존재감에 뚜렷한 색깔을 입혀주는 강력한 무기였다. 눈부신 성과를 발판 삼아 오랫동안 꿈꿔온 상품부로 이동한 그는 가장 까다로운 계절 상품 재고 관리라는 중책을 맡았다. 그러고선 제품 지식과 데이터 분석을 결합하여 약 60억 엔 규모의 재고를 거의 남기지 않는 경이로운 성과를 보여주었다. 한때 존재감 없던 C는 '계절 상품 재고 관리의 달인'으로 불리며 회사 안팎에서 없어서는 안 될 핵심 인재로 우뚝 섰다. 데이터는 C의 잠재력을 세상 밖으로 꺼내주고, 누구도 무시할 수 없는 빛나는 전문가로 만들어준 마법의 열쇠였다.

4. '기세만 좋던' D, 데이터로 에이스가 되다

슈퍼바이저 D는 원래 강력한 추진력과 특유의 기세로 밀어붙이는 타입이었다. 동물적 직관에 의존하여 잘 팔릴 것 같은 제품을 찾아냈지만, 객관적인 근거가 부족해 '기세만 좋은 사람'이라는 비판도 종종 받았다. 하지만 그런 D 역시 엑셀 연수 후 극적인 변화를 맞이했다. 데이터 가공부터 논리적인 전달법까지, 배움에 대한 열정을 불태우며 데이터 분석에 무섭게 몰두했다. 얼마 지나지 않아 회사 내 최상급 매니저로 인정받았고, 엑셀 경영의 상징인 '미도입 제품 발견 툴'을 직접 개발해냈다. "그저 기세만 좋다고 생각했던 D씨가 데이터라는 무기를 쥔 후 이렇게 뛰어난 툴을 개발하다니!" 직원들 사이에서 감탄이 터져 나왔다. 교육은 정말로 사람을 바꾼다. D는 데이터라는 객관적인 도구를 활용하면서 이전과는 비교할 수 없을 만큼 성장했고, 그가 개발한 툴 덕분에 담당 지역은 전국 최고 수준의 성장률을 기록했다. 데이터는 D의 잠재력을 폭발적으로 발현시켜 명실상부한 에이스로 만든 강력한 동력이다.

이들이 처음부터 특별한 데이터 천재였던 것은 아니다. 자신 없어 하거나, 내향적이거나, 직관에만 의존하던 평범한 사람들이었다.

특히 커뮤니케이션 능력이 부족해 주목받지 못했던 직원들이 두각을 나타냈다. 이들은 성과를 내도 스스로 나서지 않는 타입이었다. 하지만 '데이터를 배우고 활용하면 성장할 수 있다'는 회사의 명확한 메시지, 실패를 용인하는 안전한 환경, 그리고 그 과정을 보상하는 시스템 속에서 잠재된 능력을 폭발시켰다.

많은 조직은 타고난 에이스, 원래 잘하는 사람에게만 기대를 건다. 자원과 기회를 몰아주면 그들만 성과를 낼 수 있다고 착각한다. 하지만 워크맨은 그 편견을 완전히 깨부쉈다. 평범한 직원 모두가 경영의 주인공이 되는 것, 이것이야말로 워크맨 '엑셀 경영'의 본질이다.

직원이 만든 데이터가 회사를 바꾼 이유

사실 나는 처음부터 그저 '전 직원이 데이터를 잘 활용하면 좋겠다'라고만 생각했을 뿐이다. 그런데 예상을 뛰어넘어 데이터 분석을 위한 독자적인 엑셀 도구를 직접 개발하는 직원이 속속 나타나기 시작했다.

직원이 자발적으로 만든 분석 도구는 내가 현재 알고 있는 것만 해도 대략 200개에 이른다. 제품 개발, 판매, 재고 관리, 출하 계획, 컨테이너 개봉 작업 일정 등 회사 전반의 여러 분야에서 현장의 필요에 맞춰 개발된, 살아 있는 도구다. 직원들 사이에서 조용히 사용되어 검증되면 우수한 도구만 회사 전체가 공유된다. 이 수많은 엑셀 툴이 증명하는 것은 바로 현장의 자발적 데이터 활용 마인드다.

자발적 혁신의 대표적인 사례 하나를 소개하겠다. 바로 슈퍼바이저 D가 개발한 '미도입 제품 발견 도구'다. 슈퍼바이저가 가맹점을 방문했을 때, 과거에는 매장의 제품 구성을 점검하는 것이 꽤 번거로운 일이었다. 어떤 제품이 빠졌는지, 잘 팔리는 제품은 무엇인지 일일이 확인해야 했다. 하지만 이 도구 덕분에 이제는 엑셀 폼에 매장 번호만 입력하면 순식간에 점검이 끝난다.

해당 매장에서 아직 판매하지 않는 제품 목록이 자동으로, 게다가 다른 매장에서는 판매량이 높은 순서대로 정렬되어 표시된다.

이것을 보여주면 점장은 이렇게 말한다. "이 제품을 도입했으면 이렇게까지 매출이 오를 수 있었다고?"라며 점장은 충격을 받을 수밖에 없다.

슈퍼바이저의 가장 중요한 업무는 매장을 돌아다니며 잘 팔리는 제품이 제대로 갖춰져 있는지 확인하고, 점장에게 잘 팔리는 제품을 알리고 매장의 제품 구성을 개선하도록 권장하는 것이다. 하지만 과거에는 슈퍼바이저가 아무리 "내 감이 맞다", "이 제품이 좋다"라고 권장해도 점장이 "내 매장은 달라", "뭘 안다고 그러냐"라며 바로 행동에 옮기지 않는 경우가 많았다. 감과 경험의 싸움에서는 답이 없었다.

그러나 미도입 제품 발견 도구를 사용하면 이야기가 달라진다. 화면에 바로 매출을 끌어올릴 수 있는 팔리는 제품 목록과 놓치고 있는 돈이 명확히 나열되기 때문이다. 슈퍼바이저는 단순히 이렇게 말하기만 하면 된다.

"점장님, 이 제품을 발주하지 않으면 1년에 70만 엔의 손해가 납니다! 이 데이터 좀 보세요!"

점장은 명확한 돈 버는 정보이자 돈 새는 정보에 즉시 반응하며 "지금 바로 상위 20개 인기 제품 중 우리가 들이지 않은 3개를 당장 도입하자!"라고 움직이게 된다. 데이터는 감정 싸움을 끝내고 행동을 이끌어내는 가장 강력한 무기가 되었다.

미도입 제품 발견 툴

미도입 제품을 찾아내자!

진열되어 있어야 할 상품이 어떤 이유로든 매장에 놓이지 않은 상태를 한눈에 파악할 수 있는 분석 시트입니다.
담당 슈퍼바이저와 함께 매장 점검에 활용해 매출 확대로 이어가세요.

대상 기간: 201X년 4월 1일 ~ 11월 18일 집계   **점포 수**: 758 개

No.	제품명	판매가 (엔)	판매 수량	도입 점포 수	도입점 평균[1](수량)	도입점 평균 매출액[2]	진열 평가 (☆0~4)	개별 점포 판매수
1	W010 고급 2중 편직 작업장갑 10켤레	¥199	1 760 024	758	¥452 054	1 932.8	☆☆☆☆	2 350
2	일본 제일 작업장갑 1다스 600 g	¥360	562 072	756	¥267 653	618.9	☆☆	431
3	W600 GRAY 2중 편직 작업장갑 핏타입 1켤레	¥299	260 431	728	¥106 963	297.8	☆☆☆☆	398
4	730 바이올렛 3중 편직 작업장갑 1케이스	¥350	191 202	730	¥91 672	218	☆☆☆☆	289
5	770 뉴-블랭키 3중 편직 작업장갑 12켤레	¥350	147 324	685	¥75 275	179		—
6	Z-620 KINARI 3중 편직 작업장갑 12켤레	¥299	73 190	502	¥43 593	121.4	☆	36
7	Z-006 2중 편직 작업장갑 1다스	¥205	2 595	19	¥27 999	113.7		—
8	W010 고급 2중 편직 작업장갑 10켤레	¥199	375	3	¥24 875	104.1		—
9	일본 최고 작업장갑 1다스 600 g	¥360	2 951	24	¥44 265	102.4		—
10	워크맨 일본 최고 작업장갑 (소형 손목핏)	¥426	74 965	734	¥43 508	85	☆☆	62
11	워크맨 일본 최고 작업장갑 630 g	¥426	53 934	539	¥42 627	83.3		—
12	일본 최고 작업장갑 0켤레 세트 (L 사이즈)	¥410	51 428	715	¥29 449	59.8	☆☆☆	59
13	W2600 2중 편직 키나리 작업장갑 12켤레	¥299	23 699	342	¥20 719	57.7		—

[1] 도입점 평균 = 판매 수량 ÷ 도입 점포 수
[2] 도입점 평균 매출액 = 도입점 평균 × 판매가
[3] 라운드 효율 지수 = 도입점 평균 × (라운드 매출 ÷ 9,500)

이것이 바로 엑셀 경영의 진정한 힘이다. 현재 워크맨의 슈퍼바이저는 약 120명인데 이 도구가 등장한 이후로 이들의 업무 중 절반은 엑셀에 매장 번호를 입력하는 것만으로 끝난다. 이제 이 도구는 회사 내에서 어떤 거창한 전략보다 강력한 파괴력을 가진 필수 도구로 자리 잡았다.

워크맨의 엑셀 경영은 위에서 거창한 IT 시스템을 도입해서 성공한 것이 아니다. 현장의 필요를 가장 잘 아는 직원이 스스로 데이터라는 무기를 갈고닦아 200개가 넘는 크고 작은 도구를 만들고, 그것으로 자신의 업무 방식을 혁신하고 동료와 공유하며 회사를 움직인 결과다.

당신의 조직은 어떤가? 현장 직원이 스스로 혁신 도구를 만들고 있는가? 그들의 손에 데이터라는 무기를 쥐어주고 혁신할 자유를 주고 있는가?

모른다고 인정할 때 진짜 답이 보인다

많은 조직의 리더는 '내가 모든 답을 알고 있다'고 착각한다. 특히 새로운 사업이나 경험 없는 분야에 진출할 때, 부하 직원에게 어떻게 할지까지 시시콜콜 지시하려 든다. 하지만 이런 리더는 조직을 위험에 빠뜨린다. 과거의 성공 경험은 오히려 독이 되는 경우가 허다하다. 새로운 환경에서는 과거의 방식이 통하지 않을 가능성이 높다.

하지만 워크맨의 리더는 다르다. 직원이 새로운 도전에 나설 때 '결코 물러서지 않겠다'는 의지와 '무엇을 할 것인가'라는 큰 방향을 제시한다. 리더의 역할은 여기까지다. 목표를 정하고, 흔들리지 않는 의지를 보여주는 것 말이다.

하지만 '어떻게 할 것인가'에 대해서는 솔직히 인정한다. '나도 이 분야는 처음이라 정확히 어떻게 해야 성공할지 모른다'고 해야 한다. 경영자가 경험 없는 분야에서는 '자신이 하는 일의 절반은 틀릴 수 있다'고 솔직히 인정하고 겸손해야 한다. 겸손한 마음가짐이 있어야 비로소 새로운 지식을 받아들일 준비가 된다.

그렇다면 어떻게 할 것인가? 답은 간단하다. 현장의 직원, 그 분야의 지혜와 데이터를 가진 사람이 결정하는 것이다. 리더는 방향만 제시하고, 실제로 길을 찾아 나서는 것은 현장의 직원이다. 워크맨 플러스가 성공적으로 운영될 수 있었던 것도 바로 이 때문이다. 리더는 방향만 제시했고, '어떻게'는 직원이 엑셀 경영을 통해 스스로 데이터 속에서 답을 찾고 시행착오를 반복하며 만들어냈다.

하지만 직원에게 어떻게 할지를 맡긴다고 해서 저절로 답이 나오는 것은 아니다. 누구나 흥미와 설렘을 가지고 일할 때 비로소 기대 이상의 능력을 발휘한다. 뇌는 흥미로운 것에 가장 강력하게 반응하며 몰입하기 때문이다.

나는 직원과 자주 면담하며 '하고 싶은 일', 즉 '꿈'에 대해 꾸준히 이야기를 들었고, 가능한 한 그에 맞추어 방향을 잡으려 노력했다. 그러자 "작업복 말고 다른 제품을 개발하고 싶어요", "우리 회사만의 PB 제품을 만들고 싶어요" 같은 구체적인 꿈들이 쏟아져 나왔다.

이런 꿈들이 모여 회사의 큰 방향인 '고객층 확대' 아이디어로 자연스럽게 이어졌다. 영업 부서 직원은 아웃도어 시장 진출에 눈을 반짝였고 제품 개발 담당자는 자체 브랜드 개발에 가슴이 뛴다고 했다. 그들은 이 일을 단순히 회사 업무가 아닌 자신의 꿈으로 생각하고 자발적으로 참여했다. 직원이 관심을 가지고 적극적으로 일해준 덕분에 고객층 확대라는 어렵고 새로운 도전을 끝까지 해낼 수 있었다.

평범한 사람도 끝까지 해내는 환경을 만든다

데이터 활용 능력 향상, 실패를 두려워 않는 문화, 리더의 겸손한 자세, 그리고 직원의 꿈을 동력으로 삼는 시스템. 이 모든 요소가 유기적으로 결합되어 조직 전체의 혁신을 이끌었다. 하지만 이런 변화는 하루아침에 이루어진 것이 아니다. 워크맨의 성공 뒤에는 평범한 사람도 '끝까지 해낼 수 있는' 특별한 환경이 있었다.

중요한 점은 '끝까지 해내는 힘'을 탑다운 방식으로 강요해서는 안 된다는 것이다. 쇼와 시대 마초 회사처럼 구호를 외치게 하거나 달성 불가능한 목표를 강요하면, 그것은 거대한 스트레스로 변한다.

워크맨이 추구한 것은 정반대였다. 평범한 사람이 평범하게 일하면서도 끝까지 해낼 수 있다는 믿음이었다. 누군가가 죽을 힘을 다해 목표를 이루는 방식은 뒤따르는 사람에게 재현 불가능하며, 전혀 도움이 되지 않기 때문이다.

워크맨은 세 가지 핵심 원칙을 지켰다. 첫째, 직원 개개인의 꿈이 회사의 방향과 겹치는 지점을 찾았다. 예를 들어, "작업복 말고 다른 제품을 개발하고 싶다"는 꿈이 '고객층 확대'로 이어졌다. 둘째, 신입 직영점에서는 매출이 아닌 데이터를 활용한 작은 실험을 평가했다. 셋째, 평균 90점의 시험과 끊임없는 칭찬으로 직원들의 자신감을 북돋웠다.

결국, 평범한 사람들의 평범한 경영이야말로 기업이 100년을 지속할 수 있는 진정한 경쟁력이다.

ACTION 5 실패를 두려워하지 않는 도전의 가치

핵심 원칙

완벽한 준비나 성공만을 고집하기보다, 작게라도 시도하고 실패를 성장의 과정으로 받아들일 때 예상치 못한 혁신과 성공의 가능성이 열린다. 데이터 분석만으로는 한계가 있다. 직접 실험하며 인과관계를 검증하고 도전해야 한다.

워크맨's 인사이트

- 책상 위의 완벽한 기획보다 작게라도 행동으로 옮기는 것이 낫다.
- 데이터 분석(상관관계)만으로는 '왜?'(인과관계)를 알 수 없다. 가설을 세우고 실험해야 한다.
- 실패는 끝이 아니라, 정답이 될 수 없는 가설을 하나 제거하는 과정이다.

적용하기

1단계: 망설이는 아이디어 찾기

업무, 프로젝트, 또는 개인적 목표 달성을 위해 '시도해보고 싶다'고 생각했지만, 실패에 대한 두려움이나 준비 부족으로 망설이고 있는 아이디어 또는 새로운 방법은 무엇인가?

_____

_____

_____

_____

2단계: 작은 단위의 실험하기

1단계에서 찾은 아이디어를 '실패해도 괜찮은' 소규모 실험 형태로 변환해보자. 핵심 가설을 검증할 수 있도록 최소한의 자원(시간, 비용, 노력)을 투입해 실행 가능한 구체적인 방안을 구상하라.

핵심 가설: _____

_____

최소 실행 가능 실험 방법(구체적으로):

_____

_____

3단계: 실패를 학습으로 전환하기

2단계에서 설계한 실험을 실행하고, 성공 여부와 관계없이 결과를 '학습 경험'으로 기록해보자. 실패하더라도 무엇을 배웠는지, 다음에 어떻게 다르게 시도할지 '성장 계획'을 세우는 데 초점을 맞추자. 성공했다면 다음 단계를 계획하라.

실험 결과 : _____

_____

실패 시 학습과 다음 시도 계획:

_____

성공 시 성과와 다음 단계 계획:

_____

_____

PART 6

대담

오래가는 기업의 조건

15

'양손잡이 경영'은 어떻게 가능한가

워크맨은 '하지 않는 경영'이라는 독특한 철학 위에 '엑셀 경영'이라는 데이터 기반의 혁신 엔진을 장착했다. 평범했던 직원들은 데이터를 통해 스스로 생각하고 판단하며 성장했고, 조직은 과거의 관성을 벗고 새로운 가능성을 향해 나아갔다. 제품과 공간 그리고 사람이 유기적으로 연결되며 만든 시너지는 놀라웠다.

하지만 나의 여정은 여기서 끝나지 않았다. 워크맨에서의 지난 8년은 끊임없는 배움과 성찰의 시간이었다. 내가 경험한 이 변화는 과연 보편적인 경영 원리와 맞닿아 있을까? '지식 탐색형'인 나와 '지식 심화형'인 워크맨의 만남이 만들어낸 '양손잡이 경영'은 지속 가능한 모델일까?

이런 고민을 안고 있을 때 경영학의 세계적인 석학이자 《세계 표준의 경영 이론》의 저자인 이리야마 아키에 교수와 마주 앉을 기회가 마련되었다. 날카로운 통찰력으로 현대 경영의 흐름을 꿰뚫는 그와의 대화는 워크맨의 지난 여정을 학문적인 시각에서 되돌아보고 앞으로 나아갈 방향을 가늠하는 소중한 기회가 되었다.

- ★ '양손잡이 경영'은 구체적으로 어떻게 실현되는가?
- ★ '하지 않는 경영'과 '엑셀 경영'은 혁신 이론과 어떻게 연결되는가?
- ★ 오래가는 기업을 만드는 진짜 조건은 무엇인가?

경영 현장의 치열한 경험과 학문적 깊이가 만나는 지점에서 우리는 무엇을 발견할 수 있을까? 이제 워크맨의 성공 방정식을 넘어, 변화하는 시대에 기업과 개인이 지속적으로 성장하고 혁신할 수 있는 근본적인 질문 속으로 함께 들어가보자.

조치야 테츠오 CIO

이리야마 아키에(入山 章栄)

와세다대학교 비즈니스 스쿨 교수로 재직 중인 이리야마 아키에는 경영학 분야의 세계적 권위자다. 게이오대학교에서 경제학을 공부한 후, 미쓰비시종합연구소에서 자동차 산업과 정부 기관을 위한 컨설팅 업무를 수행하며 실무 경험을 쌓았다. 2008년 미국 피츠버그대학교에서 경영학 박사 학위를 취득한 그는 뉴욕주립대학교 버팔로 경영대학원에서 교수 생활을 시작했으며, 2013년 모국으로 돌아와 와세다대학교에서 후학 양성에 힘쓰고 있다.

그의 학문적 영향력은 상당하다. 세계 최고 수준의 학술지인 〈Strategic Management Journal〉과 〈Journal of International Business Studies〉에 논문을 발표하고, 편집위원으로 활약하며 경영학의 지평을 넓히고 있다. 그의 베스트셀러 《세계 표준의 경영 이론》은 복잡한 경영 이론을 누구나 이해할 수 있도록 풀어낸 명저로 많은 독자에게 사랑받고 있다.

이리야마 아키에 교수

'지식 탐색형'과 '지식 심화형'의 행복한 만남

츠치야 테츠오(이하 '츠치야')

이리야마 교수님이 쓴 《세계 표준의 경영 이론》을 읽고 깊은 감명을 받았습니다. 지난 10년간 300권이 넘는 경제경영서를 읽었지만 이 책은 단연 돋보였습니다. 그래서 회사 추천 도서로 선정하여 의욕 넘치는 직원에게 꼭 읽으라고 권했죠. 이 책의 내용을 20~30퍼센트만 제대로 소화해도 MBA 졸업생 못지않은 탄탄한 비즈니스 '사고의 틀'을 갖출 수 있을 거예요. 이런 지식이 회사의 경영과 의사 결정에 깊이를 더해줄 거라 확신합니다.

이리야마 아키에 교수(이하 '이리야마')

감사합니다. 제 입으로 말하기는 좀 그렇지만, 세계적으로 주요한 경영 이론을 모두 다룬 정말 보기 드문 책이에요.

츠치야 특히 '양손잡이를 목표로 하는 것이야말로 경영의 본질이다'라는 말이 저와 워크맨의 관계를 다시 돌아보게 했어요.

이리야마 현재 전 세계 경영학계에서 가장 활발하게 연구되는 혁신 이론의 핵심이 바로 '양손잡이 경영'이에요. 이

양손잡이 경영 = 지식의 탐색 × 지식의 심화

```
┌─────────────┐
│  지(知)의 탐색  │    조직의 기존 인식 범위를 넘어 멀리까지 시야를 넓
└─────────────┘    히는 행위
                   → 탐색, 속도, 자율성, 유연성, 발견, 변동성이 있는
      ×              환경

┌─────────────┐    조직이 보유한 특정 분야의 지식을 지속적으로 깊
│  지(知)의 심화  │    게 파고들어 정교화하는 행위
└─────────────┘
                   → 예측 가능성, 안정성, 효율성, 통제, 확실성, 변동성
      ‖              축소

  양손잡이 경영
```

> 양손잡이 경영이란 탐색과 심화를 모두 높은 수준에서
> 균형 있게 수행하는 경영을 뜻한다

         개념은 오른손과 왼손을 모두 능숙하게 사용하는 사람처럼 '지식 탐색'과 '지식 심화'를 고차원적으로 균형 있게 추구하는 경영 방식을 말합니다.

츠치야   사실 워크맨은 지식 심화형 회사고, 저는 지식 탐색형 사람입니다. 이 뜻밖의 조합이 정말 좋은 결과를 가져왔다고 생각해요.

이리야마   재미있는 관점이네요.

츠치야   저는 2012년에 워크맨에 합류했어요. 그전엔 상사맨

으로 일하면서 여러 분야를 두루두루 경험했죠. 깊이보단 폭이 넓은 경력이었달까요.

덕분에 매출 100억 엔, 이익 10억 엔 규모의 사업이라면 단기간에 만들 수 있다는 자신감은 있었습니다.

이리야마   요즘 상사맨 중에서는 좀처럼 보기 드문 타입이군요. 자유롭게 여러 분야를 넘나드는 말 그대로 '초탐색형'이었군요.

츠치야   네, 그렇습니다. 반면 워크맨은 40년 동안 작업복 하나만 바라보며 한눈 팔지 않고 달려왔어요. 한 분야에 모든 것을 걸고 깊이를 추구했죠. 철저한 표준화와 합리화로 성공을 거두긴 했지만 성장의 한계도 보였습니다.

이리야마   기업이 매출과 수익을 내려면 이미 잘하고 있는 분야의 지식을 더 심화시키는 게 가장 확실한 방법이죠. 당장의 성과를 보장하니까요. 반면에 지식 탐색은 시간도 많이 걸리고 비용도 많이 들어갑니다. 결과가 수익으로 이어질지도 불확실하죠. 그러니 대부분의 기업이 탐색보다는 심화에 치중하게 되는 건 자연스러운 일이에요.

하지만 이런 선택이 중장기적으로는 문제를 일으킵니

다. 기업의 지식 범위가 좁아지고 결국 혁신이 정체되는 거죠.

츠치야　바로 그 지점에서 제가 필요했다고 봅니다. 워크맨이 고기능이면서도 저렴한 제품을 '보여주는 방식'을 바꾸면 완전히 새로운 고객층을 끌어들일 수 있겠다는 발상이었어요. 단 한 개의 점포에서라도 이 아이디어가 통하면 그다음은 워크맨이 가진 강점을 활용할 차례였죠. 워크맨은 40년간 쌓아온 표준화와 효율적 운영 능력이 있었으니까요.

이리야마　혁신의 원천 중 하나는 '지식과 지식의 조합'이에요. 기존의 자사 비즈니스 모델이란 '지식'에 다른 회사가 다른 사업에서 사용한 방식 같은 '다른 지식'을 결합하여 새로운 비즈니스 모델이나 제품, 서비스를 만들어내는 거였죠. 세계 혁신 연구자들이 한목소리로 강조하는 게 있어요. 지식 심화를 계속하면서도 지식 탐색을 소홀히 하지 않는 조직 체계와 규칙을 만드는 게 필수라는 점이죠. 그런 의미에서 지식 탐색형인 츠치야 씨와 지식 심화를 계속해온 워크맨의 결합은 정말 최고의 조합이었던 것 같습니다. 그래서 워크맨 플러스라는 새로운 형태의 결실을 맺게 된 거죠.

비싼 시스템 대신 '엑셀' 하나로 끝냈다

이리야마   츠치야 씨가 워크맨에 입사하자마자 가장 먼저 시작한 것이 직원 대상의 엑셀 교육이었다고 들었습니다.

츠치야   새로운 사업을 운영하려면 기존의 경험만으로는 안 되더라고요. 아무리 워크맨이 40년간 작업복 시장에서 성공해왔다 해도 완전히 다른 고객층을 대상으로 하는 새로운 사업은 다른 접근법이 필요했습니다. 데이터 기반으로 경영하는 게 핵심이었는데 이를 위해선 인프라 구축과 직원 교육이 선행되어야 했어요.

이리야마   워크맨의 엑셀 경영이 특별한 건 모든 직원이 참여한다는 점이죠. 일본에서 디지털 트랜스포메이션이라고 하면 대부분 복잡한 정보 처리 시스템을 도입하고 전문가가 데이터를 분석하는 걸 떠올리지만 저는 좀 다르게 생각합니다. 진짜 중요한 건 모든 직원이 쉽게 디지털 도구를 활용할 수 있게 만드는 겁니다. 시코쿠의 이시카와기념회 HITO병원 사례처럼요. 그곳에선 의사와 간호사 전원에게 모바일 기기를 나눠줬어요. 이 간단한 IT 커뮤니케이션 도구만으로도 업무 효율이 확 달라졌죠. 워크맨도 비슷한 접근법을 택했습니다. 굳이 비싸고 복잡한 시스템 대신 모두가 익힐 수 있는 엑셀로 데이터를 활용하기 시작했죠. 직원들은 이전과 비교해 어떤 변화가 있었나요?

츠치야 스스로 생각하는 습관이 자리잡은 게 가장 큰 변화예요. 모든 직원들이 이제는 직접 데이터를 들여다보면서 "이걸 어떻게 개선할 수 있을까" 하고 고민하게 됐거든요. AI를 활용하면 두 가지 현상의 상관관계는 파악할 수 있지만 진짜 인과관계를 파악하는 건 불가능하죠. 예를 들어 'A 제품이 비가 오는 날 잘 팔린다'라는 패턴을 AI가 찾아낼 수 있지만 그게 정말 비 때문인지 아니면 다른 요소 때문인지는 알려주지 못합니다. 이런 인과관계를 확인하려면 결국 하나씩 실험해봐야 하는데 현장에서 일하는 실무자만이 제대로 할 수 있어요. 매장에서 고객과 직접 마주치고, 제품을 진열하고, 판매하는 사람이어야 가설을 세우고 테스트해볼 수 있으니까요.

이리야마 가설을 세우고 A/B 테스트[12]를 통해 검증하는 방식이군요. 워크맨은 가설 검증형 기업이네요.

---

[12] 두 가지 이상의 선택지를 사용자에게 노출시킨 다음, 결과를 비교 및 분석하는 실험법.

츠치야   워크맨처럼 취급 제품 수가 많은 기업에선 현장 중심의 분석이 꼭 필요합니다. 예를 들어 특정 점포에서 어떤 장인이 높은 곳에서 사용하는 작업화를 꾸준히 구매했다면 그 점포는 계속해서 그 제품을 들여놓습니다. 그런데 어느 날 그 장인이 은퇴했다면요? 이제 그 제품은 취급을 중단해야 합니다. 이것은 숫자로만 파악할 수 있습니다. '한 명의 장인이 은퇴했는지 감지하는 소프트웨어'를 개발하기는 어렵지만 엑셀로는 이런 패턴을 쉽게 발견하고 관리할 수 있어요. 직원이 판매 데이터를 들여다보면 "어, 이 제품이 갑자기 안 팔리네?" 하고 변화를 즉시 감지할 수 있으니까요. 이렇게 개별 점포마다 데이터를 분석해 각 매장의 제품 구성을 최적화해나가고 있습니다. 얼핏 보면 소소한 일 같지만 이런 작은 조정들이 모여서 전체 매출과 고객 만족도에 큰 영향을 미치고 있어요.

이리야마   역시 한 사람 한 사람이 엑셀로 데이터를 활용하는 것이 가장 효과적이군요.

츠치야   세세한 분석을 할수록 회사가 좋아집니다. 한 점포에서 발견한 문제나 인사이트가 다른 지역에서도 적용될 수 있는지 나아가 전국적으로 확장할 수 있는 패턴

인지 검토하는 과정이 워크맨을 계속 발전시키고 있어요.

이리야마   거의 모든 직원이 이런 수준으로 엑셀을 활용하는 회사는 처음 들어봅니다.

츠치야   엑셀 경영이 가져온 변화 중에서도 특히 인상적인 건 슈퍼바이저의 업무가 절반으로 줄어든 거예요. 이전에는 약 120명의 슈퍼바이저가 매주 각 점포를 방문해서 주로 제품 구성을 체크하는 데 시간을 쏟았거든요. 그런데 어느 날 직원 한 명이 엑셀로 '미도입 제품 발견 툴'을 만들었어요. 이 툴은 잘 팔리는데도 그 매장에 아직 입고하지 않은 제품들을 매출 순서대로 쭉 나열해주는 기능을 했어요. 이제 슈퍼바이저는 매장에 가서 복잡한 체크리스트를 들고 일일이 확인할 필요 없이 이 결과를 점장에게 보여주기만 하면 되죠. 엑셀에 흥미를 느낀 직원이 불과 6개월 만에 만든 이 툴이 가져온 변화는 실로 놀라웠습니다.

이리야마   그 파일에는 VBA를 사용한 건가요?

츠치야   아닙니다. 함수와 피벗 테이블만 사용했습니다.

이리야마   놀랍네요!

츠치야   '자사 제품 간의 경쟁(Cannibalization) 발견 툴'도 있습니다. 워크맨처럼 제품 라인업이 다양한 회사에서는 한 제품이 잘 팔리기 시작하면 다른 비슷한 제품의 매출이 떨어지는 현상이 자주 발생하거든요.

이리야마   저도 워크맨에 가면 비슷해 보이는 셔츠가 너무 많아서 어떤 걸 골라야 할지 진짜 고민되더라고요.

츠치야   이 툴에 제품 번호만 넣으면 카니발리 비율[13]이 높은 제품들이 순서대로 쭉 나타나요.

이리야마   모든 직원이 함께 데이터를 다루다 보니 조직 내부의 지혜가 모이고 쌓이면서 이런 툴들이 자연스럽게 탄생하는군요.

츠치야   사실 생각보다 복잡한 일도 충분히 가능해요. 지금은 자동 발주 알고리즘을 만들고 있는데 이것도 전부 엑셀로 구현하고 있거든요. 한 번에 완벽하게 만들겠다는 욕심 대신 10년이라는 장기 목표를 두고 천천히 완성해나가는 방식을 택했어요. 매주 1회씩 알고리즘을 꼼꼼히 검증하고 미세 조정하는 회의를 정기적으로 열고 있죠.

---

[13] 신제품 출시나 새로운 마케팅 활동 등으로 기존 제품의 판매량이나 수익이 얼마나 잠식되는지를 나타내는 비율.

이리야마　시뮬레이션을 할 수 있는 직원은 몇 명이나 되나요?

츠치야　전체 직원 중 10퍼센트 정도가 이런 시뮬레이션을 다룰 수 있어요.

이리야마　10퍼센트나 된다니 정말 놀랍네요. 직원들 연령층은 어떻게 분포되어 있나요?

츠치야　처음 엑셀 스터디 그룹을 만들었을 때 20대였던 친구들이 어느새 8년이 흘러 지금은 30대가 됐네요. 그런데 재밌는 건 사장인 고하마 씨도 엑셀을 정말 능숙하게 다룬다는 점이에요.

이리야마　워크맨의 특징은 단연코 엑셀 경영이죠. 직원이 실제로 엑셀을 직접 만지작거리며 데이터 활용 경영을 하는 회사, 더군다나 전 직원이 엑셀을 사용하는 회사는 처음 들어봤습니다!

츠치야　데이터 활용 능력은 업무 능력의 절반 이상을 차지합니다. 우리 영업부장도 예전에는 자동발주설정팀 리더였죠. 자동 발주 시스템을 세팅하는 사람이 결국 매장의 제품 구성을 가장 정확히 파악하거든요. 알고리즘을 직접 손보고 조정할 수 있는 사람 그리고 데이터 통찰력을 가진 사람이 자연스럽게 영업 최고 책임자 자리까지 올라간 겁니다.

이리야마　인사 제도에도 제대로 반영되고 있군요.

워크맨식 상식 파괴 공급망의 비밀

이리야마　워크맨은 벤더나 가맹점과의 관계가 정말 남다르다고 들었어요. 일반적인 거래 관계를 넘어서 뭔가 특별한 파트너십이 있는 것 같은데 어떤 점이 다른지 궁금합니다.

츠치야　국내 벤더한테는 우리 회사의 수요 예측 데이터를 다 공유해요. 그러면 벤더가 직접 납품 수량을 결정하고 저희는 그걸 전량 매입하는 방식이죠.

이리야마　전량 매입이라고요? 월마트 같은 대형 유통업체는 판매될 때까지 벤더가 재고를 책임지는 방식으로 운영하던데요.

츠치야　그런 방식은 공급망 전체 비용을 높이게 돼요. 벤더 중에는 페널티가 무서워서 실제 필요량보다 서너 배나 많은 재고를 쌓아두는 곳도 있거든요. 이건 명백한 낭비고 결국 그 비용은 어떤 형태로든 가격에 반영될 수밖에 없어요.

이리야마　그런 사고방식이군요.

츠치야   국내 벤더와 40년 동안 거래해왔습니다. 이런 오랜 관계 덕분에 벤더가 우리 회사를 우리 직원보다 더 잘 알 때가 있죠. 벤더는 저희가 제공하는 수요 예측 데이터를 정말 진지하게 분석히고 납품량을 결정합니다. 그리고 저희는 그 결정을 존중해요. 납품 수량이 많건 직건 불평하거나 페널티를 매기지 않습니다.

이리야마   그건 워크맨이 직접 리스크를 감수하고 있다는 뜻이군요. 게다가 할인도 없다고요?

츠치야   네, 할인은 없습니다. 남은 물건은 다음 해로 이월해서 정가 그대로 판매합니다. 계절 상품을 다음 시즌까지 보관하는 캐리오버 비용이 10퍼센트 정도 들어가는데 이게 저희가 감수하는 리스크의 전부죠. 공급망에서 중심 역할을 하는 워크맨이 리스크를 떠안는 게 전체적으로 봤을 때 더 효율적이라고 생각해요. 이런 방식을 저희는 '선의형' 공급망이라고 부르고 있습니다. 서로 짜내기보다는 신뢰를 바탕으로 각자 잘할 수 있는 부분에 집중하는 거죠.

이리야마   철저하게 선의형으로 가고 있네요. 저도 이런 구조는 처음 들어봤습니다. 보통은 데이터를 주고 벤더가 예측하더라도 재고 리스크까지 벤더에게 떠넘기는 게 일반적인데 말이죠. 40년간 쌓아온 관계가 있어서 전량 매입 방식이라도 벤더가 과다 납품 같은 걸로 이익을 취하려 하지는 않겠죠. 양쪽 다 이 관계를 소중히 여기니까요. 정말 깊은 신뢰가 바탕에 깔려 있는 거예요.

츠치야   가맹점과의 관계도 비슷한 철학을 따르고 있어요. 본사와 가맹점이 이익을 6대 4로 나누고 있으니 손실도 당연히 같은 비율로 함께 부담해야 한다고 생각합니다. 그래서 매장에서 발생하는 할인 손실은 본사가 60퍼센트를 책임지고 있어요.

이리야마   워크맨은 네트워크 조직을 만들어냈군요. 이런 네트워크 조직에서는 신뢰 구축이 가장 핵심이죠. 결국 이건 사회적 자본, 즉 소셜 캐피털(Social Capital)[14]의 문제라고 볼 수 있습니다.

츠치야   고객과의 신뢰 관계는 가격표를 보지 않고 제품을 사는 행동에서 가장 확실하게 드러나요. 아마도 고객이 가격표를 꼼꼼히 보기 시작할 때가 신뢰가 깨지고 고객 이탈이 시작되는 첫 신호일 겁니다.

---

14   사람·조직 간에 쌓인 신뢰와 네트워크가 협력·정보 공유를 쉽게 해주는 무형 자산

이전에 소비세가 8퍼센트로 오를 때, 점장의 업무가 늘어날 것을 고려해 가격표를 바로 교체하라고 지시하지 않았습니다. 2~3개월에 걸쳐 천천히 바꾸라고 했죠. 대신 '소비세가 8퍼센트로 인상되었습니다'라는 안내판을 매장 앞에 세워뒀습니다. 그런데도 고객은 여전히 가격표를 보지 않더군요. 처음엔 기뻤는데, 곰곰이 생각해보니 소름이 돋았습니다. 고객이 가격표를 보지 않는다는 것은, 만약 우리가 이상한 상품을 내놓아서 계산 후에 '생각보다 비싸네?' 하고 느끼게 되면 그 고객은 아무 말 없이 다시는 오지 않을 수도 있다는 의미니까요. 그만큼 큰 책임감을 느끼게 된 순간이었습니다.

이리야마   이야기를 듣다 보니 오센틱 리더십(Authentic Leadership)이 자연스럽게 떠오르네요. 오센틱 리더십은 윤리적 관점을 중시하며, 자신이 어떤 사람인지, 어떤 가치를 소중하게 생각하는지 같은 개인의 신념에 바탕을 둔 리더십을 말하잖아요.

츠치야   네, 그렇지요.

이리야마   오센틱 리더십이 주목받게 된 건 시대 변화와 함께 일하는 방식이나 리더십에 대한 우리 생각이 크게 달라

졌기 때문이에요. 예전에는 강한 힘, 권력 같은 하드한 요소를 가진 사람이 리더로 인정받았지만 요즘은 지식이나 가치관 같은 소프트한 요소를 갖춘 리더가 더 필요해졌죠.

츠치야 씨는 이런 오센틱 리더십을 실천하시는 것 같습니다. 자신의 가치관을 분명히 드러내고 가면을 쓰지 않으니까 주변에서 자연스럽게 신뢰를 얻게 된 거죠. 마찬가지로 워크맨 자체가 오센틱 컴퍼니(Authentic Company)로 발전해가는 모습이 보입니다. 벤더나 가맹점과의 관계에서도 장벽 없이 솔직하게 정보를 공유하고 있잖아요. 이런 투명성이 더 깊은 신뢰 관계로 이어지는 게 아닐까 싶네요. 겉으로만 그럴듯한 모습을 보여주는 게 아니라 진짜 속까지 일관된 가치와 행동을 보여주니 모든 이해관계자가 마음을 열게 되는 거죠.

90% 재방문율! 200만 팬덤이 만든 워크맨 플러스 신화

<u>이리야마</u>　현재 워크맨은 고객의 재방문율이 굉장히 높다고 들었어요.

<u>츠치야</u>　작업자 고객의 재방문율은 90퍼센트에 달하고 평균적

으로 한 달에 1회씩 찾아오고 있어요. 고정 고객 수만 해도 200만 명이나 됩니다.

이리야마 그분들이 워크맨플러스의 고정 고객이기도 한가요?

츠치야 맞아요. 워크맨플러스에서 판매하는 아웃도어웨어와 아웃도어 슈즈는 작업자의 평상복으로 많이 활용되고 있어요. 현장에 도착하기 전까지 입는 출퇴근복이나 출퇴근용 신발로 딱이거든요. 그래서 기존 워크맨의 충성 고객이었던 작업자분이 자연스럽게 워크맨플러스의 고정 고객으로도 이어지게 된 거죠.

이리야마 새로운 시장에 진입할 때 이미 200만 명의 고정 고객을 보유하고 있다는 점은 굉장한 자산이겠네요. 워크맨플러스를 찾는 일반 고객층, 즉 원래부터 아웃도어웨어를 목적으로 방문하는 분은 주로 어떤 특성을 가진 사람인지 궁금하네요. 기존 작업자 고객과는 또 다른 니즈와 구매 패턴을 보이지 않을까 싶은데요.

츠치야 맞아요, 그게 정말 핵심 주제죠. 일반 고객이 얼마나 고정 고객으로 전환되느냐가 아웃도어웨어 생산량을 결정하는 중요한 변수가 되는 거예요. 제가 지금까지 데이터를 살펴본 결과로는 이들 중 60~70퍼센트가 연간 2~4회 정도 워크맨플러스를 찾는 안정적인 고정 고객으로 자리잡는 것 같아요. 물론 이건 현재 시점의 추론이니 앞으로도 계속 데이터를 모으고 분석해서 이 가설을 제대로 검증해나가야 합니다.

이리야마   매장 수가 많다 보니 데이터 관리가 쉽지 않을 것 같은데요.

츠치야   사실 워크맨이 그동안 '표준화의 달인'이었던 게 엑셀 경영에도 큰 도움이 되고 있어요. 매장 면적과 상품 구색이 표준화되어 있고 할인 판매를 하지 않다 보니 데이터 정확도가 아주 높거든요. 이런 일관성 덕분에 20개 매장 정도만 조사해도 일반 고객의 재방문율 데이터를 전체 매장에 ±5퍼센트 정도의 오차 범위로 적용할 수 있습니다.

'열심히 하지 마세요!' 워크맨이 말하는 진짜 혁신의 조건

이리야마   엑셀 경영이 제대로 효과를 발휘하려면 정확한 데이터를 수집할 수 있는 환경을 반드시 갖춰야 하죠.

츠치야   과거에는 매장 재고 수량 데이터 자체가 없었습니다. 워크맨이 워낙 불필요한 일은 하지 않는 회사다 보니 '어차피 분석하지 않을 데이터는 처음부터 수집하지 않는다'라는 방침이었거든요.

이리야마   대담한 결정이네요. 경영에서 가장 중요한 건 사실 '하지 않기로 결정하는 것'이에요. 하지 않는다는 건 다르게 말하면 정말 하고자 하는 게 무엇인지 명확하다는 의미니까요. 하고자 하는 것이 분명할 때 불필요한 것들을 버릴 수 있고, 그 결과 조직 전체의 핵심 가치와 방향성이 선명해져서 워크맨 같은 독특한 회사가 탄생한 거예요. 많은 기업이 모든 걸 다 하려다 결국 어중간해지는데 워크맨은 '안 할 것'을 명확히 함으로써 자신만의 길을 개척했던 것 같습니다.

츠치야   저희가 '하지 않겠다'고 결정한 대표적인 것이 사내 행사였습니다. 아르바이트 모집 광고에 '사내 행사가 없습니다'라는 문구를 넣었더니 지원자가 네 배나 늘더라고요. 남들은 당연히 해야 한다고 생각하는 것도 진짜 필요한지 냉정하게 살펴보면 오히려 부담으로 작용하는 경우가 많거든요.

이리야마   아르바이트 직원 입장에서는 사내 행사에 강제로 참여해야 하는 건 부담스러울 수밖에 없죠.

츠치야   사내 행사 제로 정책이 이렇게 인기가 있을 줄은 저도 몰랐어요. 솔직히 저는 옛날 사람이다 보니 조금 아쉬운 마음도 들었지만 시대가 달라졌으니 어쩔 수 없다고 생각해요.

이리야마   일본에서 지식 탐색이 잘 안 되는 가장 큰 이유는 너무 바쁘다는 데 있어요. 저는 일하는 방식을 바꾸는 데 적극 찬성합니다. 이유는 단순해요. 여유 시간이 있어야만 지식 탐색이 가능하기 때문이죠. 역설적이게도 이런 여유를 주는 방식이 오히려 회사에 더 큰 혁신을 가져옵니다.

츠치야   회의도 온라인으로 하는 게 훨씬 효율적입니다. 예전에는 하루 종일 걸리던 회의가 온라인으로 바뀌니까 반나절 만에 끝나게 됐어요. 발언자의 표정도 더 잘 보이고요.

이리야마   일본 기업이 지금까지 해온 방식은 솔직히 너무 비효율적이에요. 그래서 저는 '열심히 하지 않는 것'이 정말 중요한 키워드라고 생각해요. 경영자가 낡은 시스템을 과감히 바꾸면 일하는 사람들이 훨씬 편안해지고 진짜 자기가 하고 싶은 일에 더 집중할 수 있습니다. 그러면 자연스럽게 내적 동기가 살아나고 생산성도 올라가는 선순환이 만들어지죠.

츠치야   맞아요. 목표나 할당량, 엄격한 기한을 자꾸 정해놓을

수록 직원들의 내적 동기가 떨어지고 결국 업무 성과도 낮아져요.

이리야마 츠치야 씨는 부하 직원을 거의 꾸짖지 않는다고 들었습니다.

츠치야 칭찬하는 게 훨씬 더 효과적이거든요. 꾸짖으면 사내 분위기만 나빠질 뿐이죠.

이리야마 일본인은 자기긍정감이 낮다는 연구 결과가 있습니다. 마음의 안정과 평안함에는 세로토닌이라는 뇌 물질이 관여한다고 알려져 있죠. 이 물질의 분비량을 조절하는 세로토닌 트랜스포터 유전자는 SS형, SL형, LL형의 세 가지 타입으로 나뉩니다. LL형 유전자를 가진 사람은 성격이 가장 느긋하고 낙천적인 반면, SS형 유전자를 가진 사람은 불안감을 쉽게 느끼고 우울증 발생 위험도 높다고 해요. 일본인은 부정적인 성향의 SS형 유전자를 가진 사람의 비율이 세계에서 가장 높아서 불안감이 상대적으로 강한 경향이 있다고 합니다.

츠치야 역시 사람들의 행동을 이끌어내는 데는 칭찬이 중요한 역할을 하는군요.

레드퀸의 저주: 워크맨이 경쟁사를 벤치마킹하지 않는 이유

이리야마   다소 엉뚱한 질문일 수도 있겠습니다만 츠치야 씨는 워크맨이라는 회사를 어떤 업종으로 규정하시나요? 이미 단순한 작업복 SPA 브랜드를 넘어섰다고 보는데요. 혹시 의류업으로 생각해보신 적이 있으신지요?

츠치야   없습니다. 오히려 의류업과는 같은 길을 걸으려 하지 않습니다. 그런 점에서 이리야마 교수님의 《세계 표준의 경영 이론》에 소개된 '레드퀸 이론… 경쟁이 격화된 세상에서 진정으로 경쟁해야 할 대상은 경쟁자가 아니다'라는 부분이 큰 도움이 되었습니다.

이리야마   감사합니다. '레드퀸 이론'은 세계 경영 이론에서는 아직 주류라고 할 수 없지만 일본 기업에 중요하다고 생각해서 마지막에 추가한 내용입니다. 특히 일본 기업은 경쟁사를 지나치게 신경 쓰는 경향이 있어서요.

츠치야   맞습니다. 경쟁사만 지나치게 바라보면 결국 비슷한 것들끼리 싸우는 동질적 경쟁으로 빠져버립니다.

이리야마   그래요. 본래 레드퀸 이론은 생물 진화학에서 포식자와 피식자 관계에 있는 생물들이 서로 경쟁적으로 진화하는 현상, 즉 '레드퀸 효과'에서 비롯된 개념입니다. 이를 경영에 적용하면 '기업은 경쟁자와 치열하게 경쟁할수록 스스로 발전을 게을리하지 않게 되어 결국 생존에 유리해진다'라고 할 수 있습니다.

하지만 반대로 너무 극심한 경쟁에 노출되면 경쟁 자체가 목적이 되어버리고 오직 경쟁 상대만을 벤치마킹하게 됩니다. 그 결과 다른 경쟁 환경에서 살아남을 수 있는 역량을 상실하는 거죠.

츠치야   의류 업계 역시 디자인 경쟁이 매우 치열한 상황이죠.

이리야마   지식 심화만 고집해온 기업은 시야가 좁아지고 변화에 대한 대응력마저 잃어 경쟁력의 덫에 걸리기 쉽습니다. 경쟁사를 지나치게 벤치마킹하는 순간, 기업의 시야는 좁아질 수밖에 없어요. 워크맨은 다른 회사를 벤치마크하지는 않나요?

츠치야   지금은 어느 회사도 벤치마킹하고 있지 않습니다. 다만 예전에는 데카트론(프랑스에 본사를 둔 저가 스포츠용품 벤더)을 연구한 적은 있습니다.

이리야마   특정 업계를 의식하지 않기 때문에 두 번째, 세 번째 블루오션을 찾아낼 수 있는 것이 아닐까 생각합니다.

팬이 제품 개발까지? 워크맨 앰배서더의 진짜 역할

츠치야   하지만 워크맨은 작업복 외의 분야에서는 지식이 없었습니다. 사실 작업복도 현장에서 직접 일하는 장인의 의견을 들으며 만들었죠. 우리가 현장에서 작업복을 입고 일하는 사람들이 아니니까요. 결국 좋은 제품을 만들기 위해서는 현장 전문가의 이야기를 진심으로 듣는 것밖에 없습니다. 이렇게 고기능이면서도 저렴한 제품을 만들어가다 보니 다른 분야의 사람들도 우리 제품을 사용해주고, 블로그나 유튜브 같은 곳에서도 소개해주었어요.

이리야마   앰배서더가 자연스럽게 워크맨의 업종과 비즈니스 영역을 확장해준 셈이네요. 이건 정말 대단한 성장 구조네요.

츠치야   저희는 개발 단계부터 아웃도어 제품을 만들 때 아웃도어 전문가들에게 직접 의견을 구하는 접근법을 취하고 있어요. 예를 들어 워크맨을 좋아하는 캠핑맘 사리 씨(블로그 https://chottocamp.com)나 '사냥하는 여자' 노조미 씨(유튜브 https://www.youtube.com/channel/UCIZ_NlCxYgBFU0-orzc1skw) 같은 분에게 제품에 대한 생각을 물어보죠.

재미있는 사례가 있는데, '용접 작업용 면 재킷'이라는 제품이 있습니다. 용접할 때 불똥이 날아와도 타지 않도록 만들었죠. 그런데 앰배서더인 사리 씨가 이 제품을 "너무 귀엽다. 캠프파이어를 할 때 불꽃이 튀어도 안 타서 좋다"라고 소개해주었습니다.

노조미

사리

이리야마 정말 효과가 컸겠네요.

츠치야 감사하게도 그 전까지는 연간 2,000벌밖에 팔리지 않던 제품이 10만 벌이나 팔렸습니다. 전혀 다른 용도로 제품을 재해석해서 알려주니 자연스럽게 새로운 고객층이 유입되는 선순환이 만들어졌죠.

이리야마 저도 그 재킷 한 벌 사고 싶네요. 사실 제가 장작 난로를 정말 좋아합니다. 처가가 가루이자와에 별장을 가지고 있는데 장작 난로가 있거든요. 마당에서 장작을 가져와 장갑 끼고 직접 불을 지피는 과정이 참 좋아요. 타오르는 불꽃을 바라보면서 레드 와인 한잔 마시는 그 순간이 정말 행복하더라고요. 이런 게 바로 궁극의 마인드풀니스가 아닐까 싶습니다.

츠치야 이리야마 교수님이 장작 난로의 앰배서더가 되어주시

	면 좋겠습니다(웃음).
이리야마	장작 난로도 정말 깊이 있는 세계입니다. 난로마다 종류가 다양하고 어떤 나무를 선택해서 어떻게 말리고 어떤 순서로 넣는지까지…. 알면 알수록 배울 게 많은 분야죠. 사리 씨가 소개한 면 재킷도 꼭 한번 입어보고 싶습니다.
츠치야	그 후에도 사리 씨의 아이디어로 제품을 계속 개선했습니다. 원래는 '하프 집업형'(지퍼가 반만 있어서 머리로 입는 방식)이었는데, "머리로 입는 방식은 헤어스타일이 흐트러져 신경 쓰인다"라는 의견을 받아들여 앞이 완전히 열리는 '풀 집업형'으로 바꿨습니다.
이리야마	여성이라면 충분히 할 수 있는 생각이네요. 작업복으로만 생각했을 때는 미처 고려하지 못했던 관점이에요.
츠치야	네, 맞아요. 저희도 미처 생각하지 못한 점이었습니다. 왜냐하면 불꽃이 지퍼에 튀면 지퍼가 망가져서 내려가지 않을 거라 생각했거든요. 그런데 이 개선된 제품이 믿을 수 없을 정도로 잘 팔렸습니다. 구입한 사람들 대부분 사리 씨의 글을 보고 산 거라더군요.
이리야마	정말 대단한 영향력이네요.
츠치야	앰배서더는 자연스럽게 사내 슈퍼바이저 대상 제품

설명회에도 함께 참여하고 있습니다. 그 자리에서도 정말 많은 의견을 제시해주고요. 자기가 진짜 좋아하는 분야의 제품이다 보니 오히려 사내 직원보다도 더 열정적일 정도예요.

약한 연결이야말로 혁신을 만들어낸다

이리야마   워크맨은 회사 안과 밖의 경계가 정말 낮은 것 같아요.

츠치야   앞으로는 앰배서더에게 TV 광고 출연도 부탁할 예정입니다. 회사가 직접 광고하는 것보다 실제 사용자인 앰배서더가 소개하는 게 훨씬 효과적이니까요. 더 나아가 앰배서더 중 몇 분을 사외이사로 영입할 계획도 갖고 있습니다. 지금도 제품 개발 단계에서도 그분들의 의견을 적극적으로 듣는데 가끔 이상한 제품을 만들려고 하면 "이건 별로예요"라고 솔직하게 지적해주기도 해요.

이리야마   최근 아웃도어 활동을 즐기는 여성이 정말 많아졌어요. 그래서 앰배서더 활용이 분명히 효과가 있을 것 같습니다. 점점 더 많은 사람이 자연과 함께하는 생활의 매력을 발견하고 있잖아요. 일상복으로도 활용하려면 고급 아웃도어 브랜드보다는 워크맨 제품이 훨씬 실용적이고 매력적인 선택이 될 수밖에 없겠네요.

츠치야   앞으로 자연스럽고 꾸밈없는 라이프스타일이 주류 문화로 자리잡을지도 모르겠습니다. 그렇게 되면 새로운 앰배서더와의 관계도 계속 확장될 것 같아요. 앰배서더는 본질적으로 오피니언 리더잖아요. 5만 명의 팔로워를 가졌다는 건 그 분야에서 중심적인 위치에 있다는 의미죠.

이리야마   《세계 표준 경영 이론》에도 '약한 연결이야말로 혁신을 일으킨다'는 개념의 '약한 연결의 힘' 이론을 소개한 바 있습니다. 앞으로의 조직은 사람과 사람 간에 약한 연결을 중심으로 경계를 뛰어넘는 네트워크형으로 변해갈 겁니다.

연결이 강한 네트워크에서는 비슷한 사람들에게서 비슷한 정보만 얻다 보니 정보가 중복되어 효율성이 떨어지게 돼요. 반면 연결이 약할수록 더 다양한 정보를 효율적으로 입수할 수 있습니다.

약한 연결을 많이 가진 사람은 보통은 얻기 어려운 다양한 정보에 접근할 수 있어요. 혁신은 서로 다른 지식이 새롭게 조합될 때 일어나기 때문에, 약한 연결을 얼마나 많이 보유하는지가 핵심 열쇠가 됩니다.

츠치야   현재 앰배서더는 30명 정도 있지만 앞으로 50명까지 늘릴 계획이에요. 다양한 분야의 오피니언 리더와 '약하게' 연결되면서 회사가 자연스럽게 변화하고 성장해나갈 거라고 확신합니다. 느슨한 네트워크가 워크맨에게 계속해서 새로운 아이디어와 기회를 가져다줄 테니까요.

워크맨의 세 번째 블루오션 시장

이리야마   앞으로 다양한 시장에 진출할 가능성이 있겠군요. 그런데 워크맨 제품은 인스타그램에서도 참 잘 어울리는 것 같아요.

츠치야   개인적인 의견이지만 일본 의류는 너무 수수하지 않나 싶어요. 좀 더 밝고 화사한 게 좋지 않을까 해서 저희 제품에는 꽤 밝은 원색을 많이 사용하고 있습니다.

이리야마   그래서 소비자가 인스타그램에 더 자주 올리는 거군요.

츠치야   저는 인스타그램을 콘셉트로 한 가게를 만들고 싶어요. 해시태그를 활용한 가게 이름을 붙이고 예를 들어 가게에 탈의실이 네 개 있다면 그중 두 개를 '인스타

룸'으로 만들어 소비자가 사진을 찍고 정보를 올릴 수 있게 하는 거죠. 단순히 제품을 팔고 끝나는 게 아니라 고객이 입어보고 즐기고 정보를 공유할 수 있는 장소로 만들고 싶습니다.

이리야마 매장 옆에 작은 캠핑장을 만들어 그곳에서 아웃도어 의류를 입고 사진을 찍을 수 있게 하는 건 어떨까요? 일종의 미니 체험이 가능한 매장 말이죠.

츠치야 정말 좋은 아이디어네요.

이리야마 낚시 시장은 어떤가요? 워크맨 피싱 같은 개념으로요.

츠치야 저희 제품 중에는 방수 기능, 발수 기능이 뛰어나거나 수납 주머니가 많이 달린 것이 있어서 충분히 가능성이 있을 것 같네요.

이리야마 제가 아는 벤처기업 경영자들 중에도 낚시를 좋아하는 사람이 많아요. 낚시가 자신과 가장 잘 마주할 수 있고 스스로를 성장시키기에 좋다고 말하더라고요. 저도 어릴 때부터 낚시를 좋아해서 바다낚시, 계류낚시 등 다양하게 하는데 낚시 장소나 방식에 따라 요구되는 의류 기능도 다 다를 것 같습니다.

츠치야 그렇다면 고기능에 저렴한 워크맨 제품이 활약할 기회가 분명히 있겠군요.

이리야마   맞습니다. 방수, 수납, 방충 등 여러 기능 덕분에 워크맨 제품을 선택하는 낚시 애호가도 많을 것 같아요.

혁신에 필수적인 '센스메이킹 이론'이란?

츠치야   워크맨에서 보낸 지난 8년간의 변혁 과정을 돌이켜보니, 제가 해왔던 일들이 《세계 표준의 경영 이론》에서 소개된 '센스메이킹(Sensemaking) 이론'과 맞닿아 있다는 것을 깨닫고 큰 힘을 얻었습니다. 특히 "'미래는 만들어낼 수 있다'는 것은 결코 맹신이 아니다"라는 구절은 제가 걸어온 길을 대변하는 듯했습니다. 저는 기업의 미래를 설계하는 임원인 CIO로서 직원들과 함께 꿈꾸고 서로를 독려하며 마침내 워크맨 플러스라는 구체적인 성과를 만들었습니다. 이는 이론을 현실로 만든 값진 경험이었습니다.

이리야마   센스메이킹이란 말 그대로 의미를 만들어가는 과정으로, 일본어로는 '의미 부여와 납득'으로 옮길 수 있습니다. 쉽게 말해, 어떤 상황이나 정보를 이해가 되고 마음에 와닿도록 만드는 과정이라고 할 수 있습니다. 센스메이킹 이론이란 바로 이 '납득 형성의 이론'을 말합니다. 즉, 조직 구성원과 이해관계자가 '지금 무슨 일이 벌어지고 있는가?', '우리는 누구인가?', '어디로 가야 하는가?'에 대해 명확한 의미를 공유하고 깊이 공감하게 함으로써, 조직 전체를 한 방향으로 나아가게 하는 핵심 원리입니다. 센스메이킹은 혁신을 위한 필수 요소며, 급변하고 불확실한 현대 환경에서 리더가 갖춰야 할 매우 중요한 역량입니다.

츠치야   저 역시 직원과 꾸준히 만나 '하고 싶은 일'이 무엇인지 경청해왔습니다. 그리고 최대한 그 의견을 반영하여 신사업의 방향을 잡았다고 생각합니다.

이리야마   직원을 소중히 여기면서도, 동시에 철저한 표준화와 체계적인 시스템을 구축하셨군요. 덕분에 핵심 인력이 바뀌더라도 쉽게 흔들리지 않는 견고한 조직을 만드신 것 같습니다.

스타 플레이어가 필요 없는 '평범한 사람들의 평범한 경영'

츠치야   저는 평범한 사람이 모여 (특별한 개인 역량에 의존하지 않는) 꾸준하고 안정적인 경영을 하는 것이야말로, 기업이 100년 이상 경쟁력을 유지하는 비결이라고 생각합니다.

이리야마   바로 그 생각이 글로벌 기업의 보편적인 사고방식입니다. 제 개인적인 견해로는 일본 기업 중 '패스트 리테일링(유니클로)' 정도가 이를 가장 잘 실천하고 있는 듯합니다. 패스트 리테일링은 사람이 바뀌어도 문제없이 운영되는 강력한 시스템을 갖추고 있죠. 워크맨과는 접근법이 전혀 다르지만, 시스템화라는 측면에서 보면 일본 내 어떤 기업보다 철저하다고 할 수 있습니다.

츠치야   저희는 톱다운이 아닌, 철저한 바텀업 방식을 추구합니다. 경영진보다 현장의 일반 직원이 의사결정의 중심이죠. 제가 입사했을 때 임원은 여섯 명이었지만, 현재는 세 명으로 줄이고 대신 모든 직원이 경영에 참여하는 시스템을 구축했습니다. 현장 직원이 엑셀을 활용해 자율적으로 판단하고 결정하는 구조입니다. 이것이 바로 저희의 강점입니다. 그렇기에 개개인이 특출나게 뛰어날 필요는 없습니다. 오히려 너무 뛰어난 한 사람에게 의존하면, 그 사람이 없을 때는 업무가 돌아가지 않거나 노하우 전수가 어렵기 때문입니다.

이리야마   그야말로 '보통 사람'의 힘으로 굴러가는 경영 시스템이군요. '누구도 대체 불가능해서는 안 된다'라는 철학이 밑바탕에 깔려 있고요.

츠치야   정확합니다. 시스템은 누구나 운영할 수 있도록 보편적이어야 합니다. 스타 플레이어는 오히려 불필요합니다. (시스템에 의존하기보다) 개인의 특별한 노력에 기대는 방식은 장기적으로 회사에 도움이 되지 않습니다.

이리야마   회사에 바람직하지 않다니요? (웃음)

츠치야   저희는 스타 플레이어나 데이터 사이언티스트 같은 특별한 인재를 영입하기보다, 평범한 직원이 자신의 일에 흥미를 느끼고 즐겁게 몰입하는 환경을 만드는 것이 더 중요하다고 생각합니다. 그러려면 합당한 보상이 필수죠. 제가 입사했을 당시 직원 평균 연봉은 500만 엔대였는데, 현재는 700만 엔대까지 올랐습니다. 앞으로는 1,000만 엔 수준까지 높이는 것이 목표고, 그 목표를 달성할 때까지는 임원 수를 늘리거나 임원 보수를 인상할 계획이 없습니다.

이리야마   정말인가요?

츠치야   네. 과거에는 경영진과 직원 간의 급여 격차가 지금보다 훨씬 컸습니다. 하지만 의도적으로 그 격차를 줄여 나가고 있습니다. 솔직히 임원이 직원보다 몇 배나 더 많은 일을 한다고 보기는 어렵지 않습니까? 저희 직원은 엑셀을 활용해 끊임없이 새로운 아이디어를 제안하고, 실제로 경영진 못지않게, 혹은 그 이상으로 회사에 기여하는 경우도 많습니다. 따라서 '직원이 가장 중요하다'라는 메시지를 진정성 있게 전달하려면, 실질적인 보상 인상으로 보여주는 것이 필수라고 생각합니다. 직원이 스스로 동기를 부여받고 즐겁게 일할 때, 앞으로 100년을 지속할 경쟁력이 만들어진다고 믿습니다.

힘을 빼야 멀리 간다, 미래형 서번트 리더

이리야마   츠치야 님은 직원 전체 앞에서 회사의 비전을 열정적으로 공유하시는 편은 아니신가요?

이리야마 교수와 츠치야 CIO

츠치야 　직원과 개별적으로는 자주 소통하지만, 전 직원 앞에서 공식적으로 발표한 경험은 거의 없습니다. 입사 후 지금까지 합쳐서 여섯 번 정도뿐이에요. 오히려 작년에는 직원들로부터 "최근 회사 분위기가 많이 바뀌었으니, 직접 설명해주시면 좋겠다"라는 요청이 있어서 거의 2년 만에 그런 자리를 가졌습니다.

이리야마 　보통 리더가 명확한 비전을 제시하고 이를 조직 전체에 공유하며 방향을 잡아가는 것이 일반적인 경영 방식인데, 워크맨은 상당히 다른 접근법을 가지고 있는 것 같네요.

츠치야 　네. 심지어 저희는 미션과 비전, 핵심 가치도 매년 재검토하고 필요하면 수정합니다.

이리야마 　매년이요? (웃음) 정말 재미있네요. 놀라울 정도로 힘을 빼는 회사군요.

츠치야 　맞습니다. 저희는 워낙 현장 실행력이 강한 조직이라, 위에서 목표나 지시를 명확히 제시하면 오히려 과도하게 몰입하고 경직되는 경향이 있습니다. 과거에는 '사장님의 명령이라면 목숨을 걸고서라도 완수한다'는 식의 분위기였죠. 하지만 그런 문화는 장기적으로 볼 때 결코 회사에 건강하지 않다고 생각합니다.

이리야마   대표님은 미래지향적인 리더시네요. 리더십 스타일로 분류하자면 '서번트 리더(Servant Leader)'에 해당합니다.

츠치야   저도 그렇게 생각합니다. 종합상사에 근무할 때는 그야말로 정글의 전사처럼 치열하게 경쟁하는 스타일이었는데, 워크맨에 와서 완전히 바뀌었죠.

이리야마   직원들이 역량을 발휘할 수 있도록 시스템을 만들고 지원하는 것, 그게 바로 서번트 리더십이죠. 요즘 같은 정보화 시대에는 리더 혼자 모든 걸 결정하는 방식은 한계가 명확합니다. 정보가 너무 많아 따라가기 벅차고 시대에 뒤처지기 쉽죠. 워크맨의 엑셀 혁명은 바로 이런 집단 지성을 활용하는 참여형 경영 자체입니다.

츠치야   맞습니다.

이리야마   서번트 리더십은 정말 이 시대에 맞는 방식이에요. 워크맨이 블루오션을 넓히고 워크맨 플러스 같은 성공을 거둔 것도 결국 서번트 리더십 덕분이라고 봅니다. 직원의 마음을 얻으면서 성과까지 낼 수 있었던 건, '하지 않는 경영'과 '엑셀 경영'이라는 워크맨만의 독특한 방식을 서번트 리더십이라는 토대 위에서 자연스럽게 조직 문화로 뿌리내리게 했기 때문이겠죠.

ACTION 6   양손잡이 성장 전략 만들기

핵심 원칙

지식 탐색(새로운 것 배우기)과 지식 심화(전문성 갈고 닦기)를 균형 있게 추구할 때 개인과 조직은 지속적으로 성장한다.

워크맨's 인사이트

- '지식 탐색형'인 츠치야 CIO와 '지식 심화형' 회사인 워크맨의 만남이 새로운 시장인 워크맨 플러스를 열었다.
- 대부분 기업은 단기 성과에 유리한 '지식 심화'에 집중하지만, 장기적인 혁신을 위해서는 '지식 탐색'이 필수다.

적용하기

1단계: 나의 현재 지식 활동 비율은? (탐색 vs 심화)

당신의 업무나 일상생활에서 최근 1년 동안 새로운 것을 배우고 다양한 경험을 하는 '지식 탐색'과, 기존에 잘하는 분야의 전문성을 깊게 파고드는 '지식 심화'에 각각 어느 정도 시간과 노력을 투지했는지 되돌아보고 비율을 적어보라.

지식 탐색 (%) 구체적인 활동 (예: 새로운 분야 책 읽기, 다른 직무 사람 만나기, 새로운 기술 학습 등)

지식 심화 (%) 구체적인 활동 (예: 업무 관련 자격증 준비, 기존 기술 연마, 특정 분야 논문 읽기 등)

2단계 : 나에게 필요한 이상적인 양손잡이 균형은?

당신의 현재 커리어 목표나 개인적인 성장 방향을 고려했을 때, 앞으로 '지식 탐색'과 '지식 심화'에 이상적으로 투자하고 싶은 시간/노력의 비율은 어떻게 되는가? 현재와 비교하여 어떤 변화가 필요한가?

이상적인 지식 탐색 비율 (%)

이상적인 지식 심화 비율 (%)

필요한 변화 방향:

3단계 : 양손잡이 역량 강화를 위한 구체적인 계획은?

이상적인 균형에 도달하거나 '양손잡이 역량'을 강화하기 위해, 앞으로 3개월 또는 6개월 동안 구체적으로 어떤 '지식 탐색' 및 '지식 심화' 활동을 실천할 계획인가?

지식 탐색 계획 (예: 매주 한 시간 새로운 분야 온라인 강의 듣기, 한 달에 1회 이직 준비 친구 만나기 등)

지식 심화 계획 (예: 매일 30분 전공 서적 읽기, 특정 업무 자동화 툴 학습하기 등)

맺음말

**아직 끝나지 않은
'하지 않음'의 여정**

 돌이켜보면, 인연이란 참 신기한 것이라는 생각을 지울 수 없다. 정글 파이터로서 얕고 넓게 '지식의 탐색'을 멈추지 않고 즉시 행동으로 옮겨온 나에게, '지식의 심화'를 거듭하며 '하지 않는 경영'을 묵묵히 실천해온 워크맨과의 만남은 기적과도 같았다. 우리는 서로 다른 강점을 통해 부족한 부분을 채워가며, 이리야마 교수가 말씀하신 '양손잡이 경영'을 우리만의 방식으로 실현해왔다고 믿는다.

 워크맨의 고객층 확대 전략은 우리가 처음부터 모든 것을 기획하고 주도한 것이 아니었다. 오히려 워크맨이 깊게 축적해온 고기능·저가격 제품이라는 강력한 자산을 전혀 다른 시각으로 재편집해 새로운 고객층에게 전달하는 과정에 가까웠다. 흥미롭게도, 그 편집의 방향을 제시한 것은 내부가 아니라 외부의 목소리, 즉 워크맨을 사랑해준 앰배서더들이었다. 그들은 "이 제품은 오토바이 투어링에 딱이다", "캠핑용으로 정말 편리하다"며 제품의 새로운 가치를 정의하고 정보를 퍼뜨렸다.

마치 우리도 모르는 사이에 예기치 않은 '지식의 탐색'이 저절로 펼쳐지는 듯한 기묘한 느낌이었다. 앰배서더들은 각자의 분야에서 오피니언 리더로서 팔로워들에게 제품의 매력을 전파했다. SNS가 기업 이미지와 제품 평가를 좌우하는 이 시대에, 워크맨이 나아가야 할 새로운 시장과 고객층은 그들을 통해 자연스럽게 확장되었다. 앞으로 이 분야는 더욱 진화하며 워크맨의 성장을 이끌어갈 것이다.

한편, 내가 워크맨에 처음 합류했을 때 츠치야 요시오 회장이 했던 "이 회사에서는 아무것도 하지 않아도 된다"는 말의 진정한 의미는 아직도 명확히 알지 못한다. 본문에서 나는 그 뜻을 "자잘한 일에 연연하지 말고 큰 그림을 그려라. 그러니 잠시 멈춰 배우고 준비하라"는 의미로 조심스럽게 해석해보았다.

그 말이 어떤 의미였든, 나는 "일류 인재를 키워 달라"는 그의 요청에 부응하기 위해 '엑셀 경영'을 선택했다. 이 결정은 워크맨의 새로운 사업 형태를 지탱하는 든든한 기반이 되었을 뿐 아니라, 기업 문화를 점진적으로 바꿔놓았다. 과거 감과 경험에 의존하던 경영에서 데이터를 기반으로 판단하는 경영으로 전환하면서 직원들은 스스로 사고하는 습관을 갖게 되었고, 이는 조직 전체의 잠재력을 끌어올리는 계기가 되었다.

목표를 최소화하고, 기한과 할당량을 없애며, 상사가 불필요한 업무를 덧붙이지 않으니, 직원들은 더 자유롭고 즐겁게 일할 시간을 얻었다. 덕분에 직원들의 내적 동기가 자연스럽게 높아졌고, 누가 시키지 않아도 자발적으로 업무에 몰입하기 시작했다. 이것이야말로 '하지 않는 경영'이 선사한 가장 큰 선물이었다.

물론 우리의 여정은 아직 끝나지 않았다. 고객층 확대는 #워크맨여자, 워크맨슈즈, 워크맨레인 등 새로운 전문 매장 형태로 한 단계 더 나아갔으며, 엑셀 경영 역시 내가 그리는 이상의 약 20%에 도달했을 뿐, 아직 갈 길이 멀다.

그렇다면 이 지난한 여정을 끝까지 해내려면 어떻게 해야 할까. 문득, 회장의 목소리가 다시 귓가에 맴돈다.

"아무것도 하지 않아도 된다."

이제 나는 그 말의 무게를 조금은 알 것 같다. 불필요한 일을 아무것도 하지 않음으로써, 우리는 가장 중요한 한 가지에 온전히 전념할 힘을 얻는다. 그것이 워크맨이 내게 가르쳐준, 역설적이지만 가장 강력한 지속의 비밀이다.

이 책은 '50인의 비밀 독서단'과 함께 만들었습니다.

감사의 뜻으로 가장 먼저 이 책을 만나 가치를 더해주신
비밀 독서단 모두의 이름을 이곳에 새깁니다.

이 책을 펼쳐주신 모든 분께 감사드리며,
앞으로도 좋은 책으로 보답하겠습니다.

강민영	고민경	고수영	공이소	김남훈
김동은	김민구	김찬용	나봄	노마드혁
더나은	루호아빠	마야박	박재진	박지혜
박혜영	박혜윤	박효은	백영미	백인열
부자형아	브디컨설팅ㅣ한시내	생동대장	서독서	서묘정
서원	성윤상	소원	심봉주	엄예영
연유정	유시연	윤혜숙	이갑주	이수영
이승현	이지애	이창우	임대일	전소희
전윤정	정지원	조서연	주성환	주희
최민형	최수민	함대홍	해피리치	황혜미

다음 비밀 독서단 모집에 참여하고 싶다면
북타쿠 인스타그램(@book_ta_ku)을 팔로우해주세요!

게으른 그들은
어떻게 1조 원을 벌었을까

초판 1쇄 발행 2025년 7월 14일

지은이	츠치야 테츠오
옮긴이	김현우
브랜드	필로틱
편집	박현종, 경정은, 공혜민, 성나현, 박수민
마케팅	김지우, 전유성, 하민지, 신민석
디자인	박은정
문의	book@pudufu.co.kr
발행처	라이프해킹 주식회사
출판 등록	제2022-0000341호
주소	서울시 강남구 도산대로 207, 9층 1호 (신사동, 성도빌딩)

◦ 필로틱은 라이프해킹 주식회사의 출판 브랜드입니다.
◦ 저작권법에 의해 한국 내에서 보호를 받는 저작물이므로 무단 전재와 복제를 금합니다. 이 책 내용의 전부 또는 일부를 사용하려면 반드시 출판사의 동의를 받아야 합니다.

ISBN 979-11-987136-8-1 03320